Über dieses Buch

Mit der Jahrhundertwende brach für die deutsche Lyrik eine Epoche neuer Blüte an. Auf die Erneuerung der Poesie durch George und Hofmannsthal, Rilke und Trakl folgte ein ununterbrochener Strom lyrischer Aussage. Bis in unsere Tage hinein zeigt sich eine Fülle dichterischer Versuche und Bestrebungen, ein Wandel der Aspekte, ein Aufbruch zu neuen Formen.

Immer wieder offenbart sich in diesen Blättern dichterischer Reichtum, der von neuem Weltgefühl und neuem Glauben getragen wird. Es klingen Töne auf, die tief in das Bewußtsein der Gegenwart eingedrungen sind.

Aus der großen Zahl der Dichtungen dieses halben Jahrhunderts hat Curt Hohoff von vierundsiebzig Dichtern Verse ausgewählt, die zu den schönsten gehören. Viele von ihnen werden unsere Epoche überdauern.

Flügel der Zeit

DEUTSCHE GEDICHTE

1900-1950

AUSWAHL UND NACHWORT VON
CURT HOHOFF

FISCHER BÜCHEREI

Umschlagentwurf: Wolf D. Zimmermann

In der Fischer Bücherei
1.–50. Tausend: Mai 1956
51.–62. Tausend: Mai 1957
63.–75. Tausend: Oktober 1957
76.–100. Tausend: Juni 1958

Fischer Bücherei KG. Frankfurt am Main und Hamburg
Gesamtherstellung: Hanseatische Druckanstalt GmbH, Hamburg-Wandsbek
Printed in Germany

DIE DICHTER UND DIE ZEIT

Wir sind dein Flügel, o Zeit, doch wir nicht die
tragende Klaue!
Oder verlangst du so viel: Flügel und Klaue zugleich?

HUGO V. HOFMANNSTHAL

STEFAN GEORGE

VOGELSCHAU

Weisse schwalben sah ich fliegen·
Schwalben schnee- und silberweiss·
Sah sie sich im winde wiegen·
In dem winde hell und heiss.

Bunte häher sah ich hüpfen·
Papagei und kolibri
Durch die wunder-bäume schlüpfen
In dem wald der tusferi.

Grosse raben sah ich flattern·
Dohlen schwarz und dunkelgrau
Nah am grunde über nattern
Im verzauberten gehau.

Schwalben seh ich wieder fliegen·
Schnee- und silberweisse schar·
Wie sie sich im winde wiegen
In dem winde kalt und klar!

EIN ANGELICO

Auf zierliche kapitel der legende
– Den erdenstreit bewacht vom ewgen rat·
Des strengen ahnen wirkungsvolle sende –
Errichtet er die glorreich grosse tat:

Er nahm das gold von heiligen pokalen·
Zu hellem haar das reife weizenstroh·
Das rosa kindern die mit schiefer malen·
Der wäscherin am bach den indigo.

Der herr im glanze reinen königtumes
Zur seite sanfte sänger seines ruhmes
Und sieger der Chariten und Medusen.

Die braut mit immerstillem kindesbusen
Voll demut aber froh mit ihrem lohne
Empfängt aus seiner hand die erste krone.

STIMMEN IM STROM

Liebende klagende zagende wesen
Nehmt eure zuflucht in unser bereich ·
Werdet geniessen und werdet genesen ·
Arme und worte umwinden euch weich.

Leiber wie muscheln · korallene lippen
Schwimmen und tönen im schwanken palast ·
Haare verschlungen in ästige klippen
Nahend und wieder vom strudel erfasst.

Bläuliche lampen die halb nur erhellen ·
Schwebende säulen auf kreisendem schuh –
Geigend erzitternde ziehende wellen
Schaukeln in selig beschauliche ruh.

Müdet euch aber das sinnen das singen ·
Fliessender freuden bedächtiger lauf ·
Trifft euch ein kuss: und ihr löst euch in ringen
Gleitet als wogen hinab und hinauf.

Keins wie dein feines ohr
Merkt was tief innen singt ·
Was noch so schüchtern schwingt ·
Was halb sich schon verlor.

Keins wie dein festes wort
Sucht so bestimmt den trost
In dem was wir erlost·
Des wahren friedens hort.

Keins wie dein fromm gemüt
Bespricht so leicht den gram·
Der eines abends nahm
Was uns im tag geglüht.

URLANDSCHAFT

Aus dunklen fichten flog ins blau der aar
Und drunten aus der lichtung trat ein paar
Von wölfen· schlürften an der flachen flut
Bewachten starr und trieben ihre brut.

Drauf huschte aus der glatten nadeln streu
Die schar der hinde trank und kehrte scheu
Zur waldnacht · eines blieb nur das im ried
Sein end erwartend still den rudel mied.

Hier litt das fette gras noch nie die schur
Doch lagen stämme · starker arme spur·
Denn drunten dehnte der gefurchte bruch
Wo in der scholle zeugendem geruch

Und in der weissen sonnen scharfem glühn
Des ackers froh des segens neuer mühn
Erzvater grub erzmutter molk
Das schicksal nährend für ein ganzes volk.

Horch was die dumpfe erde spricht:
Du frei wie vogel oder fisch –
Worin du hängst · das weisst du nicht.

Vielleicht entdeckt ein spätrer mund:
Du sassest mit an unsrem tisch
Du zehrtest mit von unsrem pfund.

Dir kam ein schön und neu gesicht
Doch zeit ward alt · heut lebt kein mann
Ob er je kommt das weisst du nicht

Der dies gesicht noch sehen kann.

Du schlank und rein wie eine flamme
Du wie der morgen zart und licht
Du blühend reis vom edlen stamme
Du wie ein quell geheim und schlicht

Begleitest mich auf sonnigen matten
Umschauerst mich im abendrauch
Erleuchtest meinen weg im schatten
Du kühler wind du heißer hauch

Du bist mein wunsch und mein gedanke
Ich atme dich mit jeder luft
Ich schlürfe dich mit jedem tranke
Ich küsse dich mit jedem duft

Du blühend reis vom edlen stamme
Du wie ein quell geheim und schlicht
Du schlank und rein wie eine flamme
Du wie der morgen zart und licht.

KARL WOLFSKEHL

Die Stimme spricht:

Ich war bei dir in düstern Gassen,
Nahm in Mich, Juda, deinen ganzen Gram.
Wie sprang dein Herz auf Meiner Weide
Froh, leicht, gelöst von allem Leide!
Wie Meine Zucht dir wohlbekam!

Dann sollte dir Mein Glanz verblassen,
Nach andrer Helle lugtest aus,
Verzückt entflohst geweihter Enge –
Motte, hab acht, daß dichs nicht senge,
Du fändest nimmermehr nach Haus.

Du wolltest prahlen prangen prassen,
Viel Torheit troff vom weisen Mund,
Buhltest mit Magiern und mit Massen,
Griffst alles, selber nicht zu fassen,
Treu allem – nur nicht Meinem Bund!

So mußtest du den Tag verpassen,
Die letzte Frist, von Mir gesetzt –
»Wer mag in alten Brocken wühlen,
Ein frischer Strom treibt unsre Mühlen!«
So sprachst du, doch was hast du jetzt?

Nun hat Mein Leuchten dich verlassen,
Weil dus nicht ansahst, Stab und Hürde brach.
Ins Leere hast du dich vertrieben,
Mein Bote kommt, dich zu durchsieben:
Weh dir! nur wenige bleiben nach.

Ein Himmel, sprachst du

Ein Himmel, sprachst du, hält uns allumfangen.
Ist dem so, Hiob? Neues Firmament,
Abweisend, einsam. Bist zu dir gegangen
In eine Ferne, da kein Gott dich kennt.

Weißt du nun, spürst du nun, Hiob, dich selber?
Hast furchtbarn Ringens Preis du dir erbracht?
Schleier und Schlacken schmelzen. Abendgelber
Wie Sonnenrüste brennst du vor der Nacht.

Umbreite dich als deinen Mantel, innen
Du selbst dir Herzpunkt, rings von dir umwallt
Und willig einzugehn. Doch nicht verrinnen
Wie Höhnrauch sollst: sink in dich, Nam, Gestalt

Völlig bewahrend, und der Mantel fahre
Spät erst dir nach, den Späten ein Gesicht,
Zeugnis und Abbild langer Leidensjahre,
Bis blauer Meerwind seinen Glimmer bricht.

RICHARD DEHMEL

Manche Nacht

Wenn die Felder sich verdunkeln,
Fühl ich, wird mein Auge heller;
Schon versucht ein Stern zu funkeln,
Und die Grillen wispern schneller.

Jeder Laut wird bilderreicher,
Das Gewohnte sonderbarer,

Hinterm Wald der Himmel bleicher,
Jeder Wipfel hebt sich klarer.

Und du merkst es nicht im Schreiten,
Wie das Licht verhundertfältigt
Sich entringt den Dunkelheiten.
Plötzlich stehst du überwältigt.

Die stille Stadt

Liegt eine Stadt im Tale,
Ein blasser Tag vergeht;
Es wird nicht lange dauern mehr,
Bis weder Mond noch Sterne,
Nur Nacht am Himmel steht.

Von allen Bergen drücken
Nebel auf die Stadt;
Es dringt kein Dach, nicht Hof noch Haus,
Kein Laut aus ihrem Rauch heraus,
Kaum Türme noch und Brücken.

Doch als den Wandrer graute,
Da ging ein Lichtlein auf im Grund;
Und durch den Rauch und Nebel
Begann ein leiser Lobgesang
Aus Kindermund.

RICARDA HUCH

Du kamst zu mir mein Abgott, meine Schlange,
In dunkler Nacht, die um dich her erglühte.
Ich diente dir mit Liebesüberschwange
Und trank das Feuer, das dein Atem sprühte.
Du flohst, ich suchte lang in Finsternissen.
Da kannten mich die Götter und Dämonen
An jenem Glanze, den ich dir entrissen,
Und führten mich ins Licht, mit dir zu thronen.

Mein Herz, mein Löwe, hält seine Beute fest,
Sein Geliebtes fest in den Fängen,
Aber Gehaßtes gibt es auch,
Das er niemals entläßt
Bis zum letzten Hauch,
Was immer die Jahre verhängen.
Es gibt Namen, die beflecken
Die Lippen, die sie nennen,
Die Erde mag sie nicht decken,
Die Flamme mag sie nicht brennen.
Der Engel, gesandt, den Verbrecher
Mit der Gnade von Gott zu betauen,
Wendet sich ab voll Grauen
Und wird zum zischenden Rächer.
Und hätte Gott selbst soviel Huld,
Zu waschen die blutrote Schuld,
Bis der Schandfleck verblaßte –
Mein Herz wird hassen, was es haßte,
Mein Herz hält fest seine Beute,
Daß keiner dran künstle und deute,
Daß kein Lügner schminke das Böse,
Verfluchtes vom Fluche löse.

Nicht alle Schmerzen sind heilbar, denn manche schleichen
Sich tiefer und tiefer ins Herz hinein,
Und während Tage und Jahre verstreichen,
Werden sie Stein.

Du sprichst und lachst, wie wenn nichts wäre,
Sie scheinen zerronnen wie Schaum.
Doch du spürst ihre lastende Schwere
Bis in den Traum.

Der Frühling kommt wieder mit Wärme und Helle,
Die Welt wird ein Blütenmeer.
Aber in meinem Herzen ist eine Stelle,
Da blüht nichts mehr.

FRANK WEDEKIND

Der Gefangene

Oftmals hab ich nachts im Bette
Schon gegrübelt hin und her,
Was es denn geschadet hätte,
Wenn mein Ich ein Andrer wär.

Höhnisch raunten meine Zweifel
Mir die tolle Antwort zu:
Nichts geschadet, dummer Teufel,
Denn der Andre wärest du!

Hilflos wälzt ich mich im Bette
Und entrang mir dies Gedicht,
Rasselnd mit der Sklavenkette,
Die kein Denker je zerbricht.

An eine grausame Geliebte

Hetz deine Meute weit über die Berge hin,
Sie kehrt wieder von Schweiß und von Staub bedeckt.
Gib ihr die Peitsche, gewaltige Jägerin,
Sieh, wie sie dir winselnd die Füße leckt!

Eh der Bann zerreißt, eh die Koppel in Stücke springt,
Eh die Brut dir entgegensteht, wenn dein Hifthorn klingt,
Eh dein Ohr ihn vernimmt, aus der Seele den dumpfen
Schrei,
Eh reißen Sehnen und Adern und Herz entzwei.

Schwing deine Peitsche, dein gellendes Halali
Tönt wie des Todes wilder Triumphgesang.
Das Auge, blutunterlaufen, sterbensbang,
Späht nach dem Wild deiner Lust und erblickt es nie ...

Der Tantenmörder

Ich hab meine Tante geschlachtet,
Meine Tante war alt und schwach;
Ich hatte bei ihr übernachtet
Und grub in den Kisten-Kasten nach.

Da fand ich goldene Haufen,
Fand auch an Papieren gar viel
Und hörte die alte Tante schnaufen
Ohn Mitleid und Zartgefühl.

Was nutzt es, daß sie sich noch härme –
Nacht war es rings um mich her –
Ich stieß ihr den Dolch in die Därme,
Die Tante schnaufte nicht mehr.

Das Geld war schwer zu tragen,
Viel schwerer die Tante noch.
Ich faßte sie bebend am Kragen
Und stieß sie ins tiefe Kellerloch. –

Ich hab meine Tante geschlachtet,
Meine Tante war alt und schwach;
Ihr aber, o Richter, ihr trachtet
Meiner blühenden Jugend-Jugend nach.

Pirschgang

Laßt mich schnobern, laßt mich schnüffeln
Durch die Stille der Wälder fort.
Schon wittre ich das schwellende Fleisch der Trüffeln,
Der saftigen Brünetten von Perigord.

Hier ist der Ort. Ich wetze die Hauer,
Ich bohre den Rüssel wohl in den Grund –
Wie macht doch Arbeit das Leben sauer,
Die Seele krank und die Glieder wund!

Gierig verschling ich die prickelnden Früchte,
Bis mich der Satan im Rücken kneipt –
Es ist die alte Passionsgeschichte,
Daß unsre Freude sich selbst entleibt.

Sie läßt sich erjagen, sie läßt sich haschen,
Die Pulse fliegen, das Herz schlägt wild.
Und zieht man die Himmelstochter auf Flaschen,
Sie schwindet dahin wie ein Schattenbild. –

Noch eine der haltbarsten Delikatessen
Ist frischer Lippen flammender Kuß;
Der Hunger steigert sich mit dem Essen,
Und im Genießen wächst der Genuß.

HUGO VON HOFMANNSTHAL

Reiselied

Wasser stürzt, uns zu verschlingen,
Rollt der Fels, uns zu erschlagen,
Kommen schon auf starken Schwingen
Vögel her, uns fortzutragen.

Aber unten liegt ein Land,
Früchte spiegelnd ohne Ende
In den alterslosen Seen.

Marmorstirn und Brunnenrand
Steigt aus blumigem Gelände,
Und die leichten Winde wehn.

Terzinen (III)

Wir sind aus solchem Zeug wie das zu Träumen,
Und Träume schlagen so die Augen auf
Wie kleine Kinder unter Kirschenbäumen,

Aus deren Krone den blaßgoldnen Lauf
Der Vollmond anhebt durch die große Nacht.
... Nicht anders tauchen unsre Träume auf,

Sind da und leben wie ein Kind, das lacht,
Nicht minder groß im Auf- und Niederschweben
Als Vollmond, aus Baumkronen aufgewacht.

Das Innerste ist offen ihrem Weben;
Wie Geisterhände in versperrtem Raum
Sind sie in uns und haben immer Leben.

Und drei sind eins: Ein Mensch, ein Ding, ein Traum.

Manche freilich ...

Manche freilich müssen drunten sterben,
Wo die schweren Ruder der Schiffe streifen,
Andre wohnen bei dem Steuer droben,
Kennen Vogelflug und die Länder der Sterne.

Manche liegen immer mit schweren Gliedern
Bei den Wurzeln des verworrenen Lebens,
Andern sind die Stühle gerichtet
Bei den Sibyllen, den Königinnen,
Und da sitzen sie wie zu Hause,
Leichten Hauptes und leichter Hände.

Doch ein Schatten fällt von jenen Leben
In die anderen Leben hinüber,
Und die leichten sind an die schweren
Wie an Luft und Erde gebunden:

Ganz vergessener Völker Müdigkeiten
Kann ich nicht abtun von meinen Lidern,
Noch weghalten von der erschrockenen Seele
Stummes Niederfallen ferner Sterne.

Viele Geschicke weben neben dem meinen,
Durcheinander spielt sie alle das Dasein,
Und mein Teil ist mehr als dieses Lebens
Schlanke Flamme oder schmale Leier.

Der Schiffskoch, ein Gefangener, singt:

Weh, geschieden von den Meinigen,
Lieg ich hier seit vielen Wochen;
Ach und denen, die mich peinigen,
Muß ich Mahl- um Mahlzeit kochen.

Schöne purpurflossige Fische,
Die sie mir lebendig brachten,
Schauen aus gebrochenen Augen,
Sanfte Tiere muß ich schlachten.

Stille Tiere muß ich schlachten,
Schöne Früchte muß ich schälen
Und für sie, die mich verachten,
Feurige Gewürze wählen.

Und wie ich gebeugt beim Licht in
Süß- und scharfen Düften wühle,
Steigen auf ins Herz der Freiheit
Ungeheuere Gefühle!

Weh, geschieden von den Meinigen
Lieg ich hier seit wieviel Wochen!
Ach und denen, die mich peinigen,
Muß ich Mahl- um Mahlzeit kochen!

Der Kaiser von China spricht:

In der Mitte aller Dinge
Wohne Ich, der Sohn des Himmels.
Meine Frauen, meine Bäume,
Meine Tiere, meine Teiche
Schließt die erste Mauer ein.
Drunten liegen meine Ahnen:
Aufgebahrt mit ihren Waffen,
Ihre Kronen auf den Häuptern,
Wie es einem jeden ziemt,
Wohnen sie in den Gewölben.
Bis ins Herz der Welt hinunter
Dröhnt das Schreiten meiner Hoheit.
Stumm von meinen Rasenbänken,

Grünen Schemeln meiner Füße,
Gehen gleichgeteilte Ströme
Osten-, west- und süd- und nordwärts,
Meinen Garten zu bewässern,
Der die weite Erde ist.
Spiegeln hier die dunkeln Augen,
Bunten Schwingen meiner Tiere,
Spiegeln draußen bunte Städte,
Dunkle Mauern, dichte Wälder
Und Gesichter vieler Völker.
Meine Edlen, wie die Sterne,
Wohnen rings um mich, sie haben
Namen, die ich ihnen gab,
Namen nach der einen Stunde,
Da mir einer näher kam,
Frauen, die ich ihnen schenkte,
Und die Scharen ihrer Kinder;
Allen Edlen dieser Erde
Schuf ich Augen, Wuchs und Lippen,
Wie der Gärtner an den Blumen.
Aber zwischen äußern Mauern
Wohnen Völker meine Krieger,
Völker meine Ackerbauer.
Neue Mauern und dann wieder
Jene unterworfnen Völker,
Völker immer dumpfern Blutes,
Bis ans Meer, die letzte Mauer,
Die mein Reich und mich umgibt.

Blühende Bäume

Was singt in mir zu dieser Stund
Und öffnet singend mir den Mund,
Wo alle Äste schweigen
Und sich zur Erde neigen?

Was drängt aus Herzensgrunde
Wie Hörnerschall zutag
Zu dieser stillen Stunde,
Wo alles träumen mag
Und träumend schweigen mag?

An Ästen, die sich neigen
Und braun und dunkel schweigen,
Springt auf die weiße Blütenpracht
Und lacht und leuchtet durch die Nacht
Und bricht der Bäume Schweigen,
Daß sie sich rauschend neigen
Und rauschend ihre Blütenpracht
Dem dunklen Grase zeigen.

So dringt zu dieser stillen Stund
Aus dunklem, tiefem Erdengrund
Ein Leuchten und ein Leben
Und öffnet singend mir den Mund
Und macht die Bäum erbeben,
Daß sie in lichter Blütenpracht
Sich rauschend wiegen in der Nacht!

RICHARD BEER-HOFMANN

»Der einsame Weg«
An Arthur Schnitzler

Alle Wege, die wir treten,
Münden in die Einsamkeit.
Nimmermüde Stunden jäten
Aus, was wuchs an Lust und Leid.

Alles Glück und alles Elend
Blaßt zu fernem Widerschein.
Was beseligend, was quälend,
Geht, läßt uns mit uns allein.

Schritt ich eben nicht im Reigen?
Und was traf, das traf gemeinsam –
Bietet keine Hand sich? Schweigen
Sieht mich an, der Weg wird einsam.

Ob ich stieg von Glückes-Thronen,
Ob ich klomm aus Leidens-Gründen,
Dort wohin ich geh zu wohnen,
Will sich keiner zu mir finden.

Ein Erkennen nur, mit klaren
Augen will mich hingeleiten:
Daß auch vorher um mich waren –
Unerkannt – nur Einsamkeiten.

Maáchas Lied
aus »Der junge David«

Schnee du, vom Hermon,
Treibts dich zu Tale?
Springst du ein eisiger
Quell über Stein?

Frühling vom Berge,
Steigst du hernieder?
Ruhst du am Hange,
Träumst du am Rain?

Schnee du, vom Hermon,
Tränkst du die Wurzeln?
Quillts durch dich, Ölbaum?
Schwellt es dich, Wein?

Schnee du, vom Hermon,
Bald wirst du Traube,
Trank bald, ein Glühn unsrer
Wangen bald sein.

CHRISTIAN MORGENSTERN

Der Mond

Als Gott den lieben Mond erschuf,
gab er ihm folgenden Beruf:

Beim Zu- sowohl wie beim Abnehmen
sich deutschen Lesern zu bequemen,

Ein A formierend und ein Z –
daß keiner groß zu denken hätt.

Befolgend dies ward der Trabant
ein völlig deutscher Gegenstand.

Der Seufzer

Ein Seufzer lief Schlittschuh auf nächtlichem Eis
und träumte von Liebe und Freude.
Es war an dem Stadtwall, und schneeweiß
glänzten die Stadtwallgebäude.

Der Seufzer dacht an ein Maidelein
und blieb erglühend stehen.
Da schmolz die Eisbahn unter ihm ein –
und er sank – und ward nimmer gesehen.

Die zwei Parallelen

Es gingen zwei Parallelen
ins Endlose hinaus,
zwei kerzengerade Seelen
und aus solidem Haus.

Sie wollten sich nicht schneiden
bis an ihr seliges Grab:
Das war nun einmal der beiden
geheimer Stolz und Stab.

Doch als sie zehn Lichtjahre
gewandert neben sich hin,
da wards dem einsamen Paare
nicht irdisch mehr zu Sinn.

Warn sie noch Parallelen?
Sie wußtens selber nicht, –
sie flossen nur wie zwei Seelen
zusammen durch ewiges Licht.

Das ewige Licht durchdrang sie,
da wurden sie eins in ihm;
die Ewigkeit verschlang sie,
als wie zwei Seraphim.

Der Großstadtbahnhoftauber

[Eine Zivilisationsballade]

Der Großstadtbahnhoftauber pickt,
was Gott sein Herr ihm fernher schickt.

Aus Salzburg einen Zehntel Kipfel,
aus Frankfurt einen Würstchen-Zipfel.

Aus Bozen einen Apfelbutzen
und ein Stück Käs aus den Abruzzen.

So nimmt er teil, so steht er gleich
wer immer wem im Deutschen Reich

und außerhalb und überhaupt,
soweit man an dergleichen glaubt.

Die Stadt aus Elfenbein

Bau mir die Stadt aus Elfenbein,
die Silberflut umschäume!
Durchs Tor der Träume zieht man ein ...
Bau mir die Stadt aus Elfenbein,
die Stadt der Träume!

Die ungebornen Geister auch
begehren ihr Gefilde.
Erschaffe Welt zu ihrem Brauch, –
die ungebornen Geister auch
begehren Weltgebilde.

Auf sieben Hügeln baue sie,
die Silberflut umsäume;
die Elfengeister-Kolonie –
auf sieben Hügeln baue sie,
die Stadt der Träume!

MAX DAUTHENDEY

Die Scharen von mächtigen Raben

Es fliegen im Abend tief über die Ähren
Die Scharen von mächtigen Raben,
Wie Geheimnisse lautlos, die sich begraben,
Wie Gedanken, die sich im Zwielicht mehren.

Und es hängen die Ähren zum Straßengraben,
Als ob sie Sehnsucht nach Menschen haben.
Es steht noch ein Mäher im Klee, im dunkeln;
Du hörst nicht die Sense, du siehst nur ein Funkeln.

Es huscht noch ein Vogel schnell in die Hecke,
Die Feldwege schlängeln sich hinter Verstecke,
Die Raben kreisen und machen Runden,
Tauchen unter und sind in der Erde verschwunden.

Drinnen im Strauß

Der Abendhimmel leuchtet wie ein Blumenstrauß;
Wie rosige Wicken und rosa Klee sehen die Wolken aus.
Den Strauß umschließen die grünen Bäume und Wiesen,
Und leicht schwebt über der goldenen Helle
Des Mondes Sichel wie eine silberne Libelle.
Die Menschen aber gehen versunken tief drinnen im Strauß,
Wie die Käfer trunken, und finden nicht mehr heraus.

Ich grübe mir gern in die Stille ein Grab

Ich fühle mich tot, als wär ich erfroren,
Als hat sich die Welt zu sterben verschworen.
Ich grübe mir gern in die Stille ein Grab
Und warte begraben Deine Wiederkehr ab.

Vom langen Warten versteinen die Wangen,
Doch lebt auch im Stein noch ein sehnend Verlangen.
Ich weiß nur, daß ich nichts fühlen will;
Vielleicht steht dann endlich das Warten still.

Der Wind, der heult vor den nächtlichen Toren,
Als würde da draußen nur Unglück geboren.
Er klagt wie ein Hund in die Leere hinein,
Und stets drängen Hunger und Sehnsucht herein.

ALFRED MOMBERT

Es war zur Nacht, da ich ins Meerhorn stieß.
Es war zur Nacht, da ich zum Aufbruch blies.
Es war zur Nacht, da ich den Strand verließ.
Mein Boot lag in der Mondquelle.
Ich stand in vollendeter Helle.
Ich stand schlafähnlich starr auf silbernem Kies.

So dunkel ist mein Schatten, daß er noch sichtbar ist
am schwarzen Strom.
Doch meine Gestalt ist nicht mehr sichtbar.
Ich übergab sie der Erinnerung
schlafender Menschengesichter,
die in Felsentälern der Regen überströmt.

Dem Chaos trank ich manchen Becher zu.
Es fuhr empor, es lachte und es weinte.
Dann sank es wieder zurück in alte Ruh.

ALFRED MOMBERT

Der Lorbeerkranz

Wir Männer steigen vom See herauf; immer singend.
Häupter, bekränzt mit dunkelgrünem Laub.
Immer sehn wir vor uns hellen Mond.
Und hinter uns erwächst ein wilder Baum
aus dem Leibe des Begrabenen.
Er hebt seine Äste, schwingt sie bis zum Mond,
und rankt seine seltsamen Blattgewinde um das Licht.

Hier ist ein Gipfel, um drauf einzuschlafen.
Hier schweben leichte Wolken dichtdrüberher,
die feuchten dir die Stirn und heiße Hände.
Und Wasserstürze singen selig in der Tiefe,
vom Mond durchwühlt.
Besessen hab ich die Welt. Ich sog alle Feuer
in mich hinein, und jedes Glück war mein.

Hier ist ein Gipfel, um drauf einzuschlafen.
Hier ruht der Schlafend-Träumende
zwischen hochgetürmten funkelnden Schätzen;
mitten im Menschlich-Herrlichen.

THEODOR DÄUBLER

Weg

Mit dem Monde will ich wandeln:
Schlangenwege über Berge
Führen Träume, bringen Schritte
Durch den Wald dem Monde zu.

Durch Zypressen staunt er plötzlich,
Daß ich ihm entgegengeh.
Aus dem Ölbaum blaut er lächelnd,
Wenn michs friedlich talwärts zieht.

Schlangenwege durch die Wälder
Bringen mich zum Silbersee:
Nur ein Nachen auf dem Wasser,
Heilig oben unser Mond.

Schlangenwege durch die Wälder
Führen mich zu einem Berg.
Oben steht der Mond und wartet,
Und ich steige leicht empor.

Diadem

Die Bogenlampen krönen Sonnenuntergänge,
Ihr lila Scheinen wird den Abend überleben,
Sie geistern schwebend über lärmendem Gedränge.
Es muß verglaste Früchte andrer Welten geben!

Beschwichtigt nicht ihr Lichtgeträufel das Getöse?
Ich kann das Wesen dieser Lampen schwer vernehmen.
Die Sterne scheinen klug, der Mond wird gerne böse.
Warum erblaßt du unter Sternendiademen?

Ein Lauschender auf blauer Au:

Grauen, samtig rauhes Grauen
Packt mich, wenn ich traurig bin.
Lauter graue Raupen stauen
Sich vom Hals bis übers Kinn.

Ach, wie schwer ich das ertrage,
Wie es mich erschaudern macht.
Raupen scheinen es am Tage,
Falter sind es in der Nacht.

Dunkelbunter Schmetterlinge
Werde ich genau gewahr.
Ja, die innerlichsten Dinge
Schaut dann manches Augenpaar.
Tief im Flügelkreis der Falter
Blickt mich meine Trauer an,
Unserer Seele blaues Alter
Hält ein Zauber dort im Bann.

Fliegt doch fort, ihr vielen Dinger.
Färbt ihr euch mit Rätseln bunt?
Meine werden schon geringer,
Abgesucht ist euer Fund.
Flackert nicht wie kranke Herzen,
Die der Tod nicht knicken kann,
Knüpft nicht alle meine Schmerzen
An den Samt der Flügel an.

Weggeträumt, hinweggesonnen,
Gebt mir doch am Morgen Ruh.
Ach, in Sorgen eingesponnen,
Deckt mich schon das Schaudern zu.
Doch warum die trübe Klage?
Stets bin ich mit Graun erwacht.
Raupen plagen mich am Tage,
Falter sind es in der Nacht.

Die Fichte

Der Fichte nächtlich sanftes Tagbetragen
Belebt Geschickeswürde kühn im Wald.
Kein Zweiglein kann in ihrer Waltung zagen,
Die ganze Nacht gibt ihrem Atem Halt.

Es scheint ein Stern an jedem Ast zu hängen.
Des Himmels Steile wurde erst im Baum.
Wie unerklärt sich die Gestirne drängen!
Vor unserm Staunen wächst und grünt der Raum.

Ihr himmlisches Geheimnis bringt die Fichte
Den Blumen, unsern Augen fürstlich dar,
Ihr Sein erfüllte sich im Sternenlichte,
Sie weiß bei uns, daß Friede sie gebar.

Was soll der Weltenwind im Samtgeäste?
Die Fichte weicht zurück und spendet Rast.
Ein Baum, der alle Sterne an sich preßte,
Bleibt groß und segnet uns als guter Gast.

Dämmerung

Am Himmel steht der erste Stern,
Die Wesen wähnen Gott den Herrn,
Und Boote laufen sprachlos aus,
Ein Licht erscheint bei mir zu Haus.

Die Wogen steigen weiß empor,
Es kommt mir alles heilig vor.
Was zieht in mich bedeutsam ein?
Du sollst nicht immer traurig sein.

AUGUST STRAMM

Patrouille

Die Steine feinden
Fenster grinst Verrat
Äste würgen
Berge Sträucher blättern raschlig
Gellen
Tod.

Kriegsgrab

Stäbe flehen kreuze Arme
Schrift zagt blasses Unbekannt
Blumen frechen Staube schüchtern
Flimmer
Tränet
Glast
Vergessen.

RAINER MARIA RILKE

Liebeslied

Wie soll ich meine Seele halten, daß
sie nicht an deine rührt? Wie soll ich sie
hinheben über dich zu andern Dingen?
Ach gerne möcht ich sie bei irgendwas
Verlorenem im Dunkel unterbringen

an einer fremden stillen Stelle, die
nicht weiterschwingt, wenn deine Tiefen schwingen.
Doch alles, was uns anrührt, dich und mich,
nimmt uns zusammen wie ein Bogenstrich,
der aus zwei Saiten *eine* Stimme zieht.
Auf welches Instrument sind wir gespannt?
Und welcher Geiger hat uns in der Hand?
O süßes Lied.

Das Karussell
[Jardin du Luxembourg]

Mit einem Dach und seinem Schatten dreht
sich eine kleine Weile der Bestand
von bunten Pferden, alle aus dem Land,
das lange zögert, eh es untergeht.
Zwar manche sind an Wagen angespannt,
doch alle haben Mut in ihren Mienen;
ein böser roter Löwe geht mit ihnen
und dann und wann ein weißer Elefant.

Sogar ein Hirsch ist da ganz wie im Wald,
nur daß er einen Sattel trägt und drüber
ein kleines blaues Mädchen aufgeschnallt.

Und auf dem Löwen reitet weiß ein Junge
und hält sich mit der kleinen heißen Hand,
derweil der Löwe Zähne zeigt und Zunge.

Und dann und wann ein weißer Elefant.

Und auf den Pferden kommen sie vorüber,
auch Mädchen, helle, diesem Pferdesprunge
fast schon entwachsen; mitten in dem Schwunge
schauen sie auf, irgendwohin, herüber –

Und dann und wann ein weißer Elefant.

Und das geht hin und eilt sich, daß es endet,
und kreist und dreht sich nur und hat kein Ziel.
Ein Rot, ein Grün, ein Grau vorbeigesendet,
ein kleines, kaum begonnenes Profil –.
Und manchesmal ein Lächeln, hergewendet,
ein seliges, das blendet und verschwendet
an dieses atemlose blinde Spiel . . .

Christi Höllenfahrt

Endlich verlitten, entging sein Wesen dem schrecklichen
Leibe der Leiden. Oben. Ließ ihn.
Und die Finsternis fürchtete sich allein
und warf an das Bleiche
Fledermäuse heran, – immer noch schwankt abends
in ihrem Flattern die Angst vor dem Anprall
an die erkaltete Qual. Dunkle ruhlose Luft
entmutigte sich an dem Leichnam; und in den starken
wachsamen Tieren der Nacht war Dumpfheit und Unlust.
Sein entlassener Geist gedachte vielleicht in der Landschaft
anzustehen, unhandelnd. Denn seiner Leidung Ereignis
war noch genug. Maßvoll
schien ihm der Dinge nächtliches Dastehn,
und wie ein trauriger Raum griff er darüber um sich.
Aber die Erde, vertrocknet im Durst seiner Wunden,
aber die Erde riß auf, und es rufte im Abgrund.
Er, Kenner der Martern, hörte die Hölle
herheulend, begehrend Bewußtsein
seiner vollendeten Not: daß über dem Ende der seinen
(unendlichen) ihre, währende Pein erschrecke, ahne.
Und er stürzte, der Geist, mit der völligen Schwere
seiner Erschöpfung herein: schritt als ein Eilender

durch das befremdete Nachschaun weidender Schatten,
hob zu Adam den Aufblick, eilig,
eilte hinab, schwand, schien und verging in dem Stürzen
wilderer Tiefen. Plötzlich (höher, höher) über der Mitte
aufschäumender Schreie, auf dem langen
Turm seines Duldens trat er hervor: ohne Atem,
stand, ohne Geländer, Eigentümer der Schmerzen. Schwieg.

Ausgesetzt auf den Bergen des Herzens. Siehe, wie klein
dort,
siehe: die letzte Ortschaft der Worte, und höher,
aber wie klein auch, noch ein letztes
Gehöft von Gefühl. Erkennst du's?
Ausgesetzt auf den Bergen des Herzens. Steingrund
unter den Händen. Hier blüht wohl
einiges auf; aus stummem Absturz
blüht ein unwissendes Kraut singend hervor.
Aber der Wissende? Ach, der zu wissen begann
und schweigt nun, ausgesetzt auf den Bergen des Herzens.
Da geht wohl, heilen Bewußtseins,
manches umher, manches gesicherte Bergtier,
wechselt und weilt. Und der große geborgene Vogel
kreist um der Gipfel reine Verweigerung. – Aber
ungeborgen, hier auf den Bergen des Herzens ...

Sonett an Orpheus (VII)

Rühmen, das ists! Ein zum Rühmen Bestellter,
ging er hervor wie das Erz aus des Steins
Schweigen. Sein Herz, oh vergängliche Kelter
eines den Menschen unendlichen Weins.

Nie versagt ihm die Stimme am Staube,
wenn ihn das göttliche Beispiel ergreift.
Alles wird Weinberg, alles wird Traube,
in seinem fühlenden Süden gereift.

Nicht in den Grüften der Könige Moder
straft ihm die Rühmung Lügen, oder
daß von den Göttern ein Schatten fällt.

Er ist einer der bleibenden Boten,
der noch weit in die Türen der Toten
Schalen mit rühmlichen Früchten hält.

Vorfrühling

Härte schwand. Auf einmal legt sich Schonung
an der Wiesen aufgedecktes Grau.
Kleine Wasser ändern die Betonung.
Zärtlichkeiten, ungenau,

greifen nach der Erde aus dem Raum.
Wege gehen weit ins Land und zeigens.
Unvermutet siehst du seines Steigens
Ausdruck in dem leeren Baum.

RUDOLF BORCHARDT

Autumnus (I)

Vor allen Göttern in des Jahres Reihn
So stumm, so staunend lernten wir zu beten –
Nun sind wir in den dritten Kreis getreten,
Das Jahr ist reif, die Blätter wurden Wein,

Und was nicht reifte, schläft in kahlen Beeten
Des alten Sommers unter Schleiern ein –
Sie könnten von den blinden Fäden sein,
Die eben deinem Schritt vorbei verwehten.

Ein neu Gesicht hat sich zu uns gesellt.
Aus finstren Schatten lacht es braun und bunt,
Das ist Autumnus, der den Apfel hält.
Rot wirbelts um ihn, gelber sinkts zu Grund,
Mit starken Augen bindet er die Welt.
Die Traube schwillt um seinen schweren Mund.

Lichterblickungslied

Hebt die Blume an das Licht
Ohne sie vom Stamm zu lösen,
Tiefer Zeugnis gibt es nicht
Für Begütigung des Bösen, –
  Es ist aufgegangen,
  Es ist angefangen,
Leben liegt im Argen, weil es ruht;
Weil es fortfährt, wird es gut.

Rundet rechts und links die Hand
Über Eures Bluts Juwele, –
Dem, was von Natur entstand,
Schafft mit Willen ihm die Seele;
  Ihm gebührt von Euren
  Einverleibten Feuren
Zu dem Funken, der ihm Leben gab,
Inbrunst, Meistrin über alles Grab.

Hebt Euch, Arme zu verschränken
Über der Geburt der Zeit,
Fühlt sie kommen, Euch zu lenken
In den Sturm der Ewigkeit:

Dankt, daß sie gediehen,
Denkt sie zu erziehen,
Williget in Zug, der Euch selbmit
Zeucht, – denn alles Wunder wird zudritt.

Nachklang

Frei sein ist nichts: ich wollt, ich wäre dein
So völlig einwärts wie der Baum der Rinde,
Die er bewohnt und tränkt; der Pol dem Stein
Magnet, der Demant seinem Fürstenkinde.
Im Winde totes Laub ist frei; Gesinde
Sind die entworfenen Sterne vor dem Schrein
Des Herrn: das Loblied laß mich, nicht den Schrei sein,
O Herz der Ordnungen! laß mich nicht frei sein,
Frei sein ist nichts: ich wollt, ich wäre dein!

*

Dich lieben müssen ist die letzte Schule,
Drin mich die Welt am hohen Maße richtet:
Drin mich, sobald ich um Bequemes buhle
Und mir zu sehr gefiel, ein Blick vernichtet;
Drin was ich sonst getrachtet und gedichtet
Nicht gilt: Besteh ich nicht vor diesem Stuhle,
Verwirk ich endlich noch mein ganzes Heil:
Ich sage nur noch: »Werde mir zuteil!«
Dich lieben müssen ist die letzte Schule.

HERMANN HESSE

Nachtfest der Chinesen in Singapore

Bei den wehenden Lichtern
Oben auf dem bekränzten Balkon
Kauern sie ruhvoll in der festlichen Nacht,
Sprechen Lieder von lang verstorbenen Dichtern,
Horchen beglückt auf der Laute schwirrenden Ton,
Der die Augen der Mädchen größer und schöner macht.
Durch die sternlose Nacht klirrt die Musik
Gläsern wie Flügelschlag großer Libellen,
Braune Augen lachen in lautlosem Glück –
Keiner, der nicht ein Lächeln im Auge hat.
Drunten wartet schlaflos mit tausend hellen
Lichteraugen am Meere die glänzende Stadt.

Heimweg vom Wirtshaus

Wunderliches Wehgefühl,
Wenn ich meinen Tisch verlassen
Und die Nacht so still und kühl
Wandelt durch die leeren Gassen!

Müde und vom Wein berauscht
Hab ich oft dem bangen Winde
Durch die Straßen nachgelauscht,
Traumbewegt gleich einem Kinde.

Irgendein geheimer Gruß,
Irgendein geheimes Singen,
Irgendeine Liebe muß
In dem leisen Brausen klingen.

Eine stille Güte auch
Hat der Ton in mir beschworen –
Ist es jener Jugend Hauch,
Die ich schon so lang verloren?

GERTRUD VON LE FORT

Heiligkeit der Kirche (I)

Ich habe noch Blumen aus der Wildnis im Arme, ich habe noch Tau in meinen Haaren aus Tälern der Menschenfrühe,
Ich habe noch Gebete, denen die Flur lauscht, ich weiß noch, wie man die Gewitter fromm macht und das Wasser segnet.
Ich trage noch im Schoße die Geheimnisse der Wüste, ich trage noch auf meinem Haupt das edle Gespinst grauer Denker,
Denn ich bin Mutter aller Kinder dieser Erde: was schmähest du mich, Welt, daß ich groß sein darf wie mein himmlischer Vater?
Siehe, in mir knien Völker, die lange dahin sind, und aus meiner Seele leuchten nach dem Ewgen viele Heiden!
Ich war heimlich in den Tempeln ihrer Götter, ich war dunkel in den Sprüchen aller ihrer Weisen.
Ich war auf den Türmen ihrer Sternsucher, ich war bei den einsamen Frauen, auf die der Geist fiel.
Ich war die Sehnsucht aller Zeiten, ich war das Licht aller Zeiten, ich bin die Fülle der Zeiten.
Ich bin ihr großes Zusammen, ich bin ihr ewiges Einig.
Ich bin die Straße aller ihrer Straßen: auf mir ziehen die Jahrtausende zu Gott.

GERTRUD VON LE FORT

Aus »Lyrisches Tagebuch aus den Jahren 1933–1945«

II

Ich weiß noch, wie es begann: mir träumte nächtlich,
Auch Lieder könnten sterben: ich sah meine eignen
Gleich kleinen, toten Kindern im Sarge liegen
Und weinte empor: die Nacht war gewittersüchtig,
Düster und schwül. Im Hof verstummte der Brunnen.
Ein rotes, fremdes Gestirn erschreckte den Himmel,
Da hört ichs flügeln:
Wie reisende Vogelgeschwader rauschten sie her, die
    großen Gesänge der Vorzeit,
Langsam und feierlich, Jahrhundert um Jahrhundert
Zogen sie über mich hin, fort in die Ewigkeit –
Und vom Gebirge her hört ich noch einmal
Die schwanenen Stimmen der letzten:
»O Land der Liebe, leb wohl!« –
Seither hör ich keinen Gesang – tief in der Seele
Fiel eine Türe zu: es ist vorüber.

ELSE LASKER-SCHÜLER

Ein alter Tibetteppich

Deine Seele, die die meine liebet,
Ist verwirkt mit ihr im Teppichtibet.

Strahl in Strahl, verliebte Farben,
Sterne, die sich himmellang umwarben.

Unsere Füße ruhen auf der Kostbarkeit,
Maschentausendabertausendweit.

Süßer Lamasohn auf Moschuspflanzenthron,
Wie lange küßt dein Mund den meinen wohl
Und Wang die Wange buntgeknüpfte Zeiten schon?

Weihnachten

Einmal kommst du zu mir in der Abendstunde
Aus meinem Lieblingssterne weich entrückt
Das ersehnte Liebeswort im Munde,
Alle Zweige warten schon geschmückt.

O ich weiß, ich leuchte wieder dann,
Denn du zündest meine weißen Lichte an.

»Wann?« – ich frage seit ich dir begegnet – »wann?«
Einen Engel schnitt ich mir aus deinem goldenen Haare
Und den Traum, der mir so früh zerrann.
O ich liebe dich, ich liebe dich,
Ich liebe dich!

Hörst du, ich liebe dich – – –
Und unsere Liebe wandelt schon Kometenjahre,
Bevor du mich erkanntest und ich dich.

Mein blaues Klavier

Ich habe zu Hause ein blaues Klavier
Und kenne doch keine Note.

Es steht im Dunkel der Kellertür,
Seitdem die Welt verrohte.

Es spielen Sternenhände vier
– Die Mondfrau sang im Boote –
Nun tanzen die Ratten im Geklirr.

Zerbrochen ist die Klaviatür ...
Ich beweine die blaue Tote.

Ach liebe Engel öffnet mir
– Ich aß vom bitteren Brote –
Mir lebend schon die Himmelstür –
Auch wider dem Verbote.

Jerusalem

Ich wandele wie durch Mausoleen –
Versteint ist unsere Heilige Stadt.
Es ruhen Steine in den Betten ihrer toten Seen
Statt Wasserseiden, die da spielten: Kommen und
Vergehen.

Es starren Gründe hart den Wanderer an –
Und er versinkt in ihre starren Nächte.
Ich habe Angst, die ich nicht überwältigen kann.

Wenn du doch kämest ...
Im lichten Alpenmantel eingehüllt –
Und meines Tages Dämmerstunde nähmest –
Mein Arm umrahmte dich, ein hilfreich Heiligenbild.

Wie einst wenn ich im Dunkel meines Herzens litt –
Da deine Augen beide: blaue Wolken.
Sie nahmen mich aus meinem Trübsinn mit.

RUDOLF ALEXANDER SCHRÖDER

Sonett

Wenn du mit Feuern aus dem tiefen Kummer
Des einsamen Gedankens mich erwecktest
Und mir die Flammenhand entgegenrecktest,
Durch Blendung scheuchend meinen Seelenkummer,

Wenn du von jeder runden Himmelswarte
Mich stürmend suchtest mit verschiedenen Winden,
Du würdest doch nicht jene Höhlung finden,
In die hinein Bedenken mich verscharrte.

Und sag, was hülf es, wenn zu mir dein Blick,
Wenn mir von deiner Burg Befehle kämen?
Ich hab mich unter jeglichem Geschick
Hinweggebückt. Und jeden Arm zu lähmen,

Taucht ich ins dumpfe Wasser, wenn er schlug.
Lebendiger, was hülf es? Ich bin klug.

Nord und Süd

Lang dünkt michs Abend; aber die Nacht ist fern,
Fern Tau der Nacht; noch zaudert im schwebenden
Gewölk des Untergangs die Sonne,
Weil ihr der Sommer verwehrt zu scheiden.

Dir aber nachtets. Lange verscholl dir schon
Gelärm der Glocken, führte vom Meer herein
Wind die Gestirne, Wind des Abgrunds
Dunklere Bläue, dein Haupt zu kühlen.

Vielleicht am Fenster lauschest du träumend noch,
Was fern die Zither zwischen den Mauern singt,
Vielleicht entzündest du die Lampe,
Schließest die Läden, des Schlafs gewärtig.

Mir keine Nacht! Mir keine der schleichenden
Lustlosen Stunden! Führet, ihr Genien, mich
Durch kurzes Graun dem Tag entgegen,
Der dem versunkenen feurig nachblickt.

Nacht ist gelind, wo Liebende freundlich ruhn;
Wer einsam ausharrt, fürchtet die Dämmerung.
Ihm schweigt der Tag mit tausend Lichtern,
Tausend Geräuschen das Herz und täuscht ihn.

Bleib stehn, o Sommer, warte mir treulich aus,
Bis fern im Land die goldene Traube reift,
Bis der Verbannung strenge Pforten
Hinter dem Glücklichen fern sich schlossen.

Dort hebt, Geliebte, nimmer zu früh der Stern
Die bleiche Fackel hinter den Wellen auf,
Der Abendbote, der mit Veilchen
Uns das gesellige Lager zudeckt.

Dort ruf ich: »Weile, weile, geliebte Nacht!«,
Wenn schon der Frühtag nüchtern ins Fenster schaut,
Der unwillkommene; denn allzeit
Hassen Verliebte die Morgenröte.

Fall auf dein Angesicht

In Flut und Wind das rege Raunen,
In Wald und Flur der Vogelruf
Sind nur ein stammelndes Erstaunen:
Welt staunt vorm Wunder, das sie schuf.

Und du, der lang in mancher Schule
Nach der verborgnen Weisheit rang,
Fall nieder, meng vor Gottes Stuhle
Dein Stammeln in den Lobgesang.

HANS CAROSSA

Unzugänglich schien der Gipfel;
Nun begehn wir ihn so leicht.
Fern verdämmern erste Wege,
Neue Himmel sind erreicht.

Urgebirg und offne Länder
Schweben weit, in Eins verspielt.
Städte, die wir nachts durchzogen,
Sind ein einfach-lichtes Bild.

Helle Wolke streift herüber;
Uns umweht ihr Schattenlauf.
Große blaue Falter schlagen
Sich wie Bücher vor uns auf.

Was einer ist, was einer war,
Beim Scheiden wird es offenbar.
Wir hörens nicht, wenn Gottes Weise summt,
Wir schaudern erst, wenn sie verstummt.

Hüte dein altes Geheimnis, o Welt, vor den menschlichen Augen!
Töten würdest du den, dem du zu früh dich verrietst.
Manchmal aber gedenke des Bunds! Gib einem der Unsern
Ein dem unendlichen Sinn ebenbürtiges Herz!

O verlerne die Zeit,
Daß nicht dein Antlitz verkümmre
Und mit dem Antlitz das Herz!
Leg ab deine Namen!
Verhänge die Spiegel!
Weihe dich einer Gefahr!

Wer einem Wink folgt im Sein,
Vieles zu Einem erbaut,
Stündlich prägt ihn der Stern.
Und nach glühenden Jahren,
Wenn wir irdisch erblinden,
Reift eine größre Natur.

MAX MELL

Der milde Herbst von Anno 45

Ich Uralter kanns erzählen,
Wie der Herbst durch jenes Jahr
Wie ein Strom rann und ein Spiegel
Hundert Abendröten war.

An Obstbäumen lehnten Leitern,
Knackten unter Eil und Fleiß,

Und die Kinder schmausten immer,
Und die Kranken lachten leis.

Auf dem Boden rochs nach Äpfeln,
In den Kellern feucht nach Wein,
Und wer eine Sense ansah,
Dem fiel doch der Tod nicht ein.

War ein Herbst so lang wie jeder;
Sonne sinkt und Stunde schlägt;
Doch an jedes Leben, schien uns,
War ein Kleines zugelegt.

Hochsommernacht

Ich liege wach und lausche,
Ich weiß, es ist schon spät,
Ich horch auf die Musik hinaus,
Die in den Wiesen geht.

Die Sonne, die sie tranken,
Hat tief sie aufgeregt,
Daß lang noch an der Last des Lichts
Ihr Puls im Dunkeln trägt.

Vom Lindenbaume löst sich
Ein Wehen ganz gering,
Das wandelt kühl zu mir herein
Und sucht den Schmetterling,

Der irgend in die Stube
Vom Tag mir ward geführt
Und nun an seinem Plätzchen still
Die finstern Schwingen rührt.

SIEGFRIED LANG

Nachglut (II)

Wann seh ich dich wieder, du Rebengeländ,
Braunschimmerndes Dach,
Wann, Garten voll Duft;
Wann hör ich der Wagen beschleunigten Trab
Der türmigen Wagen voll goldener Fracht,
Der schwatzenden Halme Gerausch und Gespiel –
Den Föhnwind im Forst
Und das seufzende Meer
In des Nußbaums weitschattender Krone?

Stille des Tages, du schattenlose,
Von Wünschen schwere, von Hoffen müde;
See-Land, – ihr Inseln all, die ich umschwärmt
In deiner Flut, der heimlich liebenden,
Bis schweren Gangs herauf des Wetters Züge drohten ...
Bis mir des Abends Kühle allgemach
Die matten Klagen von den Lippen fächelte
Und Berges-Atem schauerte vom Wald
Und Silber sprang im pfirsichfarbnen See.

Weiße Frühe (II)

Die Hecken klirren
Vor Frost und Last,
Weidvögel schwirren
In planloser Hast.
Über die Breiten
Glitzert ein Baum,
Kein Hauch, kein Schreiten
Alles ist Traum.

IWAN GOLL

Schöpfung des Menschen

I

Irgendwo zerbrach die Himmelsschale,
Und die Sonne, wie verwundet,
Flatterte, Gold und Lava blutend,
Um die aufgerissene Erde.

Rosa Meere
Leuchteten im Frühling ihrer Wellen,
Rauschende Palmen stiegen,
An den Korallen reiften
Die Sternenfrüchte.

Irgendwo erbebte ein Gebirg
Bis in seine starren Gletscher,
Und der erste Tropfen, der sich löste,
Eine Träne zu Tal,
War das erste Lächeln Gottes.

III

Zur Hügelhochzeit
Stürzten Fliederfontänen zu Tal,
Bäume waren voll Weltumarmung,
Und dem Frühling schlugen die Schläfen.

Da aus dunkler Erdenhütte
Brach ein goldner Orgelsturm:
Zwischen Himmel und Erde gestemmt,
Säule irdischen Gesanges,
Stand der Mensch.

Aus dem steinernen Leid,
Aus dem rauschenden Schoß der Liebe,
War der Herrliche auferstanden.

Sahst du in meiner Lunge den dürren Wald
Mit seinen leeren Nestern sein Herbstgeäst?
Die Hasen haben Angst im Brombeer
Und meine Drosseln sind todestraurig

Du träumst noch wie zur Zeit des Holunderrauschs
Von den Johannisfeuern im Glühwurmberg
Und du und ich mit Sternenkronen
Ewig gefeit vor dem Zeitverhängnis

Die Eber mit dem magischen Dreieckskopf
Sie stampfen durch meine faulenden Träume –
Dein schönstes Juliangesicht aber
Leuchtet in meinen Wintern

ERNST STADLER

Vorfrühling

In dieser Märznacht trat ich spät aus meinem Haus.
Die Straßen waren aufgewühlt von Lenzgeruch und grünem Saatregen.
Winde schlugen an. Durch die verstörte Häusersenkung ging ich weit hinaus
Bis zu dem unbedeckten Wall und spürte: meinem Herzen schwoll ein neuer Takt entgegen.

In jedem Lufthauch war ein neues Werden ausgespannt.
Ich lauschte, wie die starken Wirbel mir im Blute rollten.
Schon dehnte sich bereitet Acker. In den Horizonten
eingebrannt
War schon die Bläue hoher Morgenstunden, die ins Weite
führen sollten.

Die Schleusen knirschten. Abenteuer brach aus allen Fernen.
Überm Kanal, den junge Ausfahrtwinde wellten, wuchsen
helle Bahnen,
In deren Licht ich trieb. Schicksal stand wartend in
umwehten Sternen.
In meinem Herzen lag ein Stürmen wie von aufgerollten
Fahnen.

Gang im Schnee

Nun rieseln weiße Flocken unsre Schritte ein.
Der Weidenstrich läßt fröstelnd letzte Farben sinken,
Das Dunkel steigt vom Fluß, um den versprengte Lichter
blinken,
Mit Schnee und bleicher Stille weht die Nacht herein.

Nun ist in samtnen Teppichen das Land verhüllt,
Und unsre Worte tasten auf und schwanken nieder
Wie junge Vögel mit verängstetem Gefieder –
Die Ebene ist grenzenlos mit Dämmerung gefüllt.

Um graue Wolkenbündel blüht ein schwacher Schein,
Er leuchtet unserm Pfad in nachtverhängte Weite,
Dein Schritt ist wie ein fremder Traum an meiner Seite –
Nun rieseln weiße Flocken unsre Sehnsucht ein.

ERNST STADLER

Im Treibhaus

Gefleckte Moose, bunte Flechten schwanken
um hoher Palmen fächerstarre Fahnen,
und zwischen glatten Taxusstauden ranken
sich bleich und lüstern zitternde Lianen.

Gleich seltnen Faltern schaukeln Orchideen,
und krause Farren ringeln ihr Gefieder.
Glitzernd von überwachsnen Wänden wehn
in Flocken wilde Blütenbüschel nieder.

Und kranke Triebe züngeln auf und leuchten
aus jäh gespaltner Kelche wirrem Meer,
und langsam trägt die laue Luft den feuchten
traumschlaffen Duft der Palmen drüberher.

Und schattenhaft beglänzt im weichen
gedämpften Feuer strahlt der Raum,
und ahnend dämmern Bild und Zeichen
für seltne Wollust, frevlen Traum.

RENÉ SCHICKELE

Sonnenuntergang

Ich stieg vom Keller
Bis unters Dach,
Immer heller
War das Gemach,
Die Stadt, sonst verdrossen,
Hob Kuppeln aus Gold,
Es glühten die Gossen
Wie Adern von Gold.

Die Felder brandeten,
Meer in Meer,
Vögel landeten,
Von Feuer schwer,
Auf Korallenwipfeln.
Schauer von Licht
Liefen ernsten Gipfeln
Übers Gesicht.

Den Turm besteigend
Sah ich die Welt
Der Nacht sich neigend
Von Lust erhellt,
Mit einem Lächeln,
Das schimmernd stund,
Ein Flammenfächeln,
Um ihren Mund.

Wie Frauen der Wonnen,
Sie liegen enthüllt,
Noch lange versonnen
Gedenken erfüllt.

Pfingsten

Die Engel unserer Mütter
sind auf die Straße gestiegen.
Das Raufherz der Väter
stiller schlägt.
Feurige Zungen fliegen
oder sind wie Kränze
auf Stirnen gelegt.

Gehör und Gesicht kennen keine Grenze,
wir sprachen mit Mensch und Tier.
Was unser Blick trifft antwortet: »Wir«.

Die Kiesel am Weg sind schallende Lieder,
jeder Pulsschlag kommt von weither wieder,
Blühendes strebt, von kleinen Flammen beschwingt.

Die Fische schaukeln den Himmel auf ihren Flossen
und sind von blitzenden Horizonten umringt,
Sonne tanzt auf dem Rücken der Hunde.
Jedes ist nach Gottes Gesicht in Licht gegossen
und weiß es in dieser einzigen Stunde
und erkennt Bruder und Schwester und singt.

JACOB VAN HODDIS

Der Träumende

Blaugrüne Nacht, die stummen Farben glimmen.
Ist er bedroht vom roten Stahl der Speere
Und rohen Panzern? Ziehn hier Satans Heere?
Die gelben Flecke, die im Schatten schwimmen,
Sind Augen wesenloser großer Pferde.
Sein Leib ist nackt und bleich und ohne Wehre.
Ein fades Rosa eitert aus der Erde.

Der Todesengel

I

Mit Trommelwirbeln geht der Hochzeitszug,
In seidner Sänfte wird die Braut getragen,
Durch rote Wolken weißer Rosse Flug,
Die ungeduldig goldne Zäume nagen.

Der Todesengel harrt in Himmelshallen
Als wüster Freier dieser zarten Braut.
Und seine wilden dunklen Haare fallen
Die Stirn hinab, auf die der Morgen graut.

Die Augen weit, vor Mitleid glühend offen
Wie wortlos starrend hin zu neuer Lust,
Ein grauenvolles, nie versiegtes Hoffen,
Ein Traum von Tagen, die er nie gewußt.

IV

Die Braut friert leise unterm zarten Kleide.
Der Engel schweigt. Die Lüfte ziehn wie krank.
Er stürzt auf seine Knie. Nun zittern beide
Vom Strahl der Liebe, der aus Himmeln drang.

Posaunenschall und dunkler Donner lachen.
Ein Schleier überflog das Morgenrot,
Als sie mit ihrer zärtlichen und schwachen
Bewegung ihm den Mund zum Küssen bot.

Die Himmelsschlange

Sonne glüht und Nächte schweigen,
Aus den hellen Fenstern steigen
Die Gespenster,
Unzucht treibend
In der Luft.
Und die Stadt
Verhüllt der Duft
Ihrer Schnapsgesichter.

»Laßt uns durch die großen Hallen
Der betörten Himmel wallen;

Denn der Mond ist doch schon ferne.
Es verglomm der Grimm der Sterne.
Ist es Funkel, ist es dunkel,
Ist es Sang, Gebet, Gemunkel,
Sinds Paläste oder Plunder?
Schweigt, wir sind im Reich der Wunder.«

Hunderttausend Heere ziehen
Durch die Wolkenplane.
Hunderttausend Freunde fliehen
Vor der Wolken Karawane.
Ach, dem Denker wird es übel,
Der das Heut bedenken soll.
Steckt ihn in den Wolkenkübel.
Er ist toll.

Die Wolken winden sich wie Leinentuch,
Im Himmel spür ich gräßliche Exzesse.
Die Engel fürchten sich vor Gottes Fluch
Und haben Zigaretten in der Fresse.

Denn Luzifer ist heute eingeladen
Und geht mit einem sicherlich zu Bett.
Durch sieben Himmel zieht in dicken Schwaden
Dampf von Tabak und Arme-Sünder-Fett.

Zweifel

Da diese Nächte uns nur Morgen sind
Für Feuertage, die wir nicht erkennen,
Darf ich in trüber Luft, als blödes Kind,
Verängstigt noch um Liebesstunden flennen.

Schon zucken Stadt und Meer vor Himmelssöhnen,
Die ihre ersten Zornespfeile senden,
Im Lampenlicht schon Helle; dieses Dröhnen
Verlorner Nächte spricht von Mittagsbränden.

MAX HERMANN-NEISSE

Ein Abend ist vertan . . .

Ich muß mich wieder in dies Glashaus bannen,
an das kein Echo und kein Lockruf pocht,
wo Träume, trostlos wie erfrorne Tannen,
sich ducken um ein bald verdämmernd Docht.

Ein Abend ist vertan . . . ein Tag zerschlagen . . .
vernichtet Liebe viel und wie erstickt
in Gittern, wo der Nachtigallen Schlagen
verstummt und unstet die Gazelle blickt.

Und draußen ist vielleicht der Witwer Wald,
der neben meinem Lied am Morgen lief,
den weiten Weg zu seinem Grab gegangen.

Und draußen kniet vielleicht in Knechtsgestalt
der Strahlende, den meine Sehnsucht rief,
sich hin, den Todesstreich jetzt zu empfangen.

Katastrophe

Im Labyrinth verzweifelnder Gedanken
irr' ich umher und weiß mir keinen Rat;
der Boden unter uns begann zu wanken,
vergebens wurde jede gute Tat.

Der Untergang scheint nicht mehr aufzuhalten;
kein Wunder hilft dem, der nichts opfern will.
Die Hände furchtsam im Gebet zu falten,
macht keinen Vorwurf des Gewissens still.

Die unheilvollen Zeiten zählen doppelt;
der altert rasch, dem alle Hoffnung schwand.
Verrat und Wahn, in ein Gespann gekoppelt,
rast unaufhaltsam in den Weltenbrand.

Ich bin zu schwach, ich werde mitgerissen
und wage keine letzte Gegenwehr,
ganz wider beßres Wissen und Gewissen;
so hat mein Dasein keinen Segen mehr.

Es bleibt mir nichts als reuig abzudanken:
fruchtlos war alles, was ich sang und tat.
Das Land, auf das wir bauten, kam ins Wanken;
bald stürzt es und die Welt weiß keinen Rat.

Das Unabwendbare

Die Brunnen des Todes sind aufgebrochen,
der Würger hat seine Fesseln gesprengt,
die große Verwünschung ist ausgesprochen:
nun wird geplündert, gewüstet, gesengt.

Verdammnis dröhnen die Stürme, die Meere,
die Fahnen flattern, in Blut getaucht,
und hinter dem Zuge der heidnischen Heere
der Brand der geschändeten Städte raucht.

Der Himmel spiegelt die höllischen Gluten,
in die wir hilflos starren, gebannt:
bald haben die wildflammenden Fluten
den Wall auch um unser Versteck überrannt.

Ich warte und weiß doch: ich kann nicht entrinnen,
schon morgen ist mir das Letzte geraubt.
Die Hoffnung ich dürfte noch einmal beginnen –
im Grunde hab ich sie niemals geglaubt.

. . . .

Ein Lied ist erwürgt, ein Herz ist gebrochen.
In Trümmern liegt ein gastliches Haus.
Die große Verwünschung wurde gesprochen.
Das Licht geht aus.

GOTTFRIED BENN

Gesänge

1

O daß wir unsere Ururahnen wären.
Ein Klümpchen Schleim in einem warmen Moor.
Leben und Tod, Befruchten und Gebären
glitte aus unseren stummen Säften vor.

Ein Algenblatt oder ein Dünenhügel,
vom Wind Geformtes und nach unten schwer.
Schon ein Libellenkopf, ein Möwenflügel
wäre zu weit und litte schon zu sehr.

2

Verächtlich sind die Liebenden, die Spötter,
alles Verzweifeln, Sehnsucht, und wer hofft.
Wir sind so schmerzliche durchseuchte Götter
und dennoch denken wir des Gottes oft.

Die weiche Bucht. Die dunklen Wälderträume.
Die Sterne, schneeballblütengroß und schwer.
Die Panther springen lautlos durch die Bäume.
Alles ist Ufer. Ewig ruft das Meer – –

Dunkler –

Dunkler kann es nicht werden
als diese Stunde, die sinkt,
mit allen Lasten der Erden
in fremder Nacht ertrinkt,
enteignen sich die Figuren
zu einer großen Gestalt,

drohen die Lemuren
aus dem Schattenwald.

Löst du dich von den Dingen,
trägst du fahles Los:
Trauermäntel schwingen
dir um Mund und Schoß –
faltest du die Blätter
jedes Einzelbaums,
bist du kein Verketter
deines Trance-Traums.

In Bewußtseinsbresche
über Ahnung still
steht die Weltenesche
Yggdrasil,
steht auch Aarons Rute
trocken eingestückt,
dann mit Wunderblute
Israel beglückt –

dir nur sich enthüllte
bis zum Schlunde leer
ewig unerfüllte
promesse du bonheur,
dir nur kann es nicht werden,
jede Stunde, die sinkt,
mit allen Lasten der Erden
in fremder Nacht ertrinkt.

Turin

»Ich laufe auf zerrissenen Sohlen,«
schrieb dieses große Weltgenie

in seinem letzten Brief –, dann holen
sie ihn nach Jena –; Psychiatrie.

Ich kann mir keine Bücher kaufen,
ich sitze in den Librairien:
Notizen –, dann nach Aufschnitt laufen: –
das sind die Tage von Turin.

Indes Europas Edelfäule
an Pau, Bayreuth und Epsom sog,
umarmte er zwei Droschkengäule,
bis ihn sein Wirt nach Hause zog.

Ach, das ferne Land,
wo das Herzzerreißende
auf runden Kiesel
oder Schilffläche libellenflüchtig
anmurmelt,
auch der Mond
verschlagenen Lichts
– halb Reif, halb Ährenweiß –
den Doppelgrund der Nacht
so tröstlich anhebt –

ach, das ferne Land,
wo vom Schimmer der Seen
die Hügel warm sind,
zum Beispiel Asolo, wo die Duse ruht,
von Pittsburg trug sie der »Duilio« heim,
alle Kriegsschiffe, auch die englischen, flaggten
als er Gibraltar passierte – [halbmast,

dort Selbstgespräche
ohne Beziehungen auf Nahes,
Selbstgefühle,

frühe Mechanismen,
Totemfragmente
in die weiche Luft –
etwas Rosinenbrot im Rock –
so fallen die Tage,
bis der Ast am Himmel steht,
auf dem die Vögel einruhn
nach langem Flug.

Quartär

I

Die Welten trinken und tränken
sich Rausch zu neuem Raum
und die letzten Quartäre versenken
den ptolemäischen Traum.
Verfall, Verflammen, Verfehlen –
in toxischen Sphären, kalt,
noch einige stygische Seelen,
einsame, hoch und alt.

II

Komm – laß sie sinken und steigen,
die Zyklen brechen hervor:
uralte Sphinxe, Geigen
und von Babylon ein Tor,
ein Jazz vom Rio del Grande,
ein Swing und ein Gebet –
an sinkenden Feuern, vom Rande,
wo alles zu Asche verweht.

Ich schnitt die Gurgel den Schafen
und füllte die Grube mit Blut,
die Schatten kamen und trafen
sich hier – ich horchte gut –,

ein Jeglicher trank, erzählte
von Schwert und Fall und frug,
auch stier- und schwanenvermählte
Frauen weinten im Zug.

Quartäre Zyklen – Szenen,
doch keine macht dir bewußt,
ist nun das Letzte die Tränen
oder ist das Letzte die Lust
oder beides ein Regenbogen,
der einige Farben bricht,
gespiegelt oder gelogen –
du weißt, du weißt es nicht.

III

Riesige Hirne biegen
sich über ihr Dann und Wann
und sehen die Fäden fliegen,
die die alte Spinne spann,
mit Rüsseln in jede Ferne
und an alles, was verfällt,
züchten sich ihre Kerne
die sich erkennende Welt.

Einer der Träume Gottes
blickte sich selber an,
Blicke des Spiels, des Spottes
vom alten Spinnenmann,
dann pflückt er sich Asphodelen
und wandert den Styxen zu –,
laß sich die Letzten quälen,
laß sie Geschichte erzählen –
Allerseelen –
Fini du Tout.

Viele Herbste

Wenn viele Herbste sich verdichten
in deinem Blut, in deinem Sinn
und sie des Sommers Glücke richten,
fegt doch die fetten Rosen hin,

den ganzen Pomp, den ganzen Lüster,
Terrassennacht, den Glamour-Ball
aus Crêpe de Chine, bald wird es düster,
dann klappert euch das Leichtmetall,

das Laub, die Lasten, Abgesänge,
Balkons, geranienzerfetzt –
was bist du dann, du Weichgestänge,
was hast du seelisch eingesetzt?

OTTO ZUR LINDE

Herbstsonne. Wolken. Die Birke

Herbstsonne. Wolken. Die Birke
Biegt sich im böigen Wind.
Durch dünneres Baumlaubgewirke
Kühleres Sonnenlicht rinnt.

Levkojen und Astern im Strauße
Duften nicht. Und Amaryll
Und letzte Geranien vorm Hause
Blühen so herbstspät und still,

So schweigend gegen den Tod hin –
Die Trauben blaun am Balkon.
Eine Krähe krächzt, warnende Botin
Des Winters, der wartet schon.

Soll nun das Würgen des Jahres
Wieder in Winter gehn?
Herbstsommer, Herbstwinter schon war es,
Wir sahen kein Ostern aufstehn.

Der Sommer ging, und die Nacht sank,
Der Tag kam und der Tod.
Wir waren des Blühens unachtsam,
Und des Singens war uns nicht not.

Wohl hörten wir Lieder von Lippen
So rot, die sind nun bleich:
Kerzen und Christkinderkrippen,
Und ein Schneefeld schmerzenreich.

Und ein Acker mit blutroten Raden,
Und ein Feldrain mit Knabenkraut;
Tausend tote Soldaten
Hat jeder Tag geschaut.

Tausend im Jahr und im Volke
Wie lang, oh wie lang ist ein Jahr!
Über der Welt eine blutrote Wolke,
Überm Feld eine Aaskrähenschar.

Und ein Kreuz am Himmel, das weitet
Seine Arme nach Ost und nach West,
Darunter aber schreitet
Der Krieg, der Tod, die Pest.

Verklärter Herbst

Gewaltig endet so das Jahr
Mit goldnem Wein und Frucht der Gärten.
Rund schweigen Wälder wunderbar
Und sind des Einsamen Gefährten.

Da sagt der Landmann: Es ist gut.
Ihr Abendglocken lang und leise
Gebt noch zum Ende frohen Mut.
Ein Vogelzug grüßt auf der Reise.

Es ist der Liebe milde Zeit.
Im Kahn den blauen Fluß hinunter
Wie schön sich Bild an Bildchen reiht –
Das geht in Ruh und Schweigen unter.

Zu Abend mein Herz

Am Abend hört man den Schrei der Fledermäuse,
Zwei Rappen springen auf der Wiese,
Der rote Ahorn rauscht.
Dem Wanderer erscheint die kleine Schenke am Weg.
Herrlich schmecken junger Wein und Nüsse,
Herrlich: betrunken zu taumeln in dämmernden Wald.
Durch schwarzes Geäst tönen schmerzliche Glocken,
Auf das Gesicht tropft Tau.

Grodek

Am Abend tönen die herbstlichen Wälder
Von tödlichen Waffen, die goldnen Ebenen
Und blauen Seen, darüber die Sonne
Düstrer hinrollt; umfängt die Nacht
Sterbende Krieger, die wilde Klage
Ihrer zerbrochenen Münder.
Doch stille sammelt im Weidengrund
Rotes Gewölk, darin ein zürnender Gott wohnt,
Das vergoßne Blut sich, mondne Kühle;
Alle Straßen münden in schwarze Verwesung.
Unter goldnem Gezweig der Nacht und Sternen
Es schwankt der Schwester Schatten durch den
schweigenden Hain,
Zu grüßen die Geister der Helden, die blutenden
Häupter;
Und leise tönen im Rohr die dunklen Flöten des Herbstes.
O stolzere Trauer! ihr ehernen Altäre,
Die heiße Flamme des Geistes nährt heute ein gewaltiger
Schmerz,
Die ungebornen Enkel.

GEORG HEYM

Der Gott der Stadt

Auf einem Häuserblocke sitzt er breit.
Die Winde lagern schwarz um seine Stirn.
Er schaut voll Wut, wo fern in Einsamkeit
Die letzten Häuser in das Land verirrn.

Vom Abend glänzt der rote Bauch dem Baal,
Die großen Städte knieen um ihn her.
Der Kirchenglocken ungeheure Zahl
Wogt auf zu ihm aus schwarzer Türme Meer.

Wie Korybanten-Tanz dröhnt die Musik
Der Millionen durch die Straßen laut.
Der Schlote Rauch, die Wolken der Fabrik
Ziehn auf zu ihm, wie Duft von Weihrauch blaut.

Das Wetter schwält in seinen Augenbrauen.
Der dunkle Abend wird in Nacht betäubt.
Die Stürme flattern, die wie Geier schauen
Von seinem Haupthaar, das im Zorne sträubt.

Er streckt ins Dunkel seine Fleischerfaust.
Er schüttelt sie. Ein Meer von Feuer jagt
Durch eine Straße. Und der Glutqualm braust
Und frißt sie auf, bis spät der Morgen tagt.

Ophelia (I)

Im Haar ein Nest von jungen Wasserratten,
Und die beringten Hände auf der Flut
Wie Flossen, also treibt sie durch den Schatten
Des großen Urwalds, der im Wasser ruht.

Die letzte Sonne, die im Dunkel irrt,
Versenkt sich tief in ihres Hirnes Schrein.
Warum sie starb? Warum sie so allein
Im Wasser treibt, das Farn und Kraut verwirrt?

Im dichten Röhricht steht der Wind. Er scheucht
Wie eine Hand die Fledermäuse auf.
Mit dunklem Fittich, von dem Wasser feucht
Stehn sie wie Rauch im dunklen Wasserlauf,

Wie Nachtgewölk. Ein langer weißer Aal
Schlüpft über ihre Brust. Ein Glühwurm scheint
Auf ihrer Stirn. Und eine Weide weint
Das Laub auf sie und ihre stumme Qual.

Schwarze Vision, IV

[An eine imaginäre Geliebte]

Die Sonne, die mit Blumen sich beleuchtet,
Stößt wie ein Aar zu deinen Häupten weit,
Und ihrer Purpurlippen Traum befeuchtet
Mit Tränentau dein weißes Totenkleid.

Dann nimmst dein Herz du aus den weißen Brüsten
Und zeigst es rings dem stillen Heiligtum.
Und deine stolze Flamme rührt die Küsten
Des Himmels an, die werfen deinen Ruhm

Ins Meer der Toten aus wie starke Wellen.
Die großen Schiffe schwimmen um dich her,
Um deinen Turm, und ihre Lieder schwellen
Wie Abendwolken sanft vom großen Meer.

Und was ich dir mit meinen Träumen sage,
Das schrein die Priester aus mit Tuba-Ton.
Der Meere dunkle Buchten füllt die Klage
Um dich wie Schilfrohr sanft und schwarzer Mohn.

Alle Landschaften

Alle Landschaften haben
Sich mit Blau erfüllt.
Alle Büsche und Bäume des Stromes,
Der weit in den Norden schwillt.

Leichte Geschwader, Wolken,
Weiße Segel dicht,
Die Gestade des Himmels dahinter
Zergehen in Wind und Licht.

Wenn die Abende sinken
Und wir schlafen ein,
Gehen die Träume, die schönen,
Mit leichten Füßen herein.

Zymbeln lassen sie klingen
In den Händen licht.
Manche flüstern und halten
Kerzen vor ihr Gesicht.

Spitzköpfig kommt er

Spitzköpfig kommt er über die Dächer hoch
Und schleppt seine gelben Haare nach,
Der Zauberer, der still in die Himmelszimmer steigt,
In vieler Gestirne gewundenem Blumenpfad.

Alle Tiere unten in Wald und Gestrüpp
Liegen mit Häuptern sauber gekämmt,
Singend den Mondchoral. Aber die Kinder
Knien in den Bettchen im weißen Hemd.

Meiner Seele unendliche See
Ebbet langsam in sanfter Flut.
Ganz grün bin ich innen. Ich schwinde hinaus
Wie ein gläserner Luftballon.

Judas

Die Locke der Qual springt über der Stirne,
Drin wispern Winde und viele Stimmen,
Die wie Wasser vorüberschwimmen.

Doch er rennet bei Ihm gleich einem Hunde.
Und er picket die Worte hervor in dem Kote.
Und er wieget sie schwer. Sie werden tote.

Ah, der Herr ging über die Felder weiß
Sanft hinab am schwebenden Abendtag,
Und die Ähren sangen zum Preis,
Seine Füße waren wie Fliegen klein
In goldener Himmel grellem Schein.

Die Mühlen

Die vielen Mühlen gehen und treiben schwer.
Das Wasser fällt über die Räder her,
Und die moosigen Speichen knarren im Wehr.

Und die Müller sitzen tagein, tagaus
Wie Maden weiß in dem Mühlenhaus,
Und schauen oben zum Dache hinaus.

Aber die hohen Pappeln stehn ohne Wind
Vor einer Sonne herbstlich und blind,
Die matt in die Himmel geschnitten sind.

Der Wald

Ein stiller Wald, ein blasses Königreich
Mit grünen Schluchten voll und Dorngerank.
Ein Wasser singt. Am Himmel fein und schlank
Wie eine Kerze brennt die Sonne bleich.

Der Abend aber geht mit dunklem Kopf
Und dunkler Mantelschleppe in dem Forst.
Aus hohen Eichen nickt mit schwarzem Schopf
Der Greife Volk aus ihrem roten Horst,

Und Waldgetier mit wunderlichem Prunk
Uralter Schnäbel krächzt im Baume grell
Und fliegt heraus, im wilden Winde schnell
Mit Schwingen groß in graue Dämmerung.

Tief in dem Wald ein See, der purpurrot
Wie eines Toten dunkles Auge glast.
In seinem wilden Schlunde tost und rast
Ein Wetter unten auf, wo Flamme loht.

HANS ARP

Schwarze Eier

Die Flüsse springen wie Böcke in ihr Zelt.
Es ist silbern von silbernen Wellen umsäumt.
Peitschen knallen und aus den Bergen kommen
Die schlechtgescheitelten Schatten der Hirten.
Schwarze Eier und Narrenschellen stürzen
Von den Bäumen.
Gewitter pauken und Trommeln bespringen
Die Ohren des Esels.
Flügel streifen Blumen.
Quellen regen sich in den Augen der Eber.

ALFRED LICHTENSTEIN

Der Ausflug

Du, ich halte diese festen
Stuben und die dürren Straßen
Und die rote Häusersonne,
Die verruchte Unlust aller
Längst schon abgeblickten Bücher
Nicht mehr aus.

Komm, wir müssen von der Stadt
Weit hinweg.
Wollen uns in eine sanfte
Wiese legen.
Werden drohend und so hilflos
Gegen den unsinnig großen,
Tödlich blauen, blanken Himmel
Die entfleischten, dumpfen Augen,
Die verwunschnen,
Und verheulte Hände heben. –

Prophezeiung

Einmal kommt – ich habe Zeichen –
Sterbesturm aus fernem Norden.
Überall stinkt es nach Leichen.
Es beginnt das große Morden.

Finster wird der Himmelsklumpen,
Sturmtod hebt die Klauentatzen.
Nieder stürzen alle Lumpen.
Mimen bersten. Mädchen platzen.

Polternd fallen Pferdeställe.
Keine Fliege kann sich retten.
Schöne homosexuelle
Männer kullern aus den Betten.

Rissig werden Häuserwände.
Fische faulen in dem Flusse.
Alles nimmt sein ekles Ende.
Krächzend kippen Omnibusse.

ERNST WILHELM LOTZ

Aufbruch der Jugend (1913)

Die flammenden Gärten des Sommers, Winde, tief und
voll Samen,
Wolken, dunkel gebogen, und Häuser, zerschnitten vom
Licht,
Müdigkeiten, die aus verwüsteten Nächten über uns kamen,
Köstlich gepflegte, verwelkten wie Blumen, die man sich
bricht.

Also zu neuen Tagen erstarkt wir spannen die Arme,
Unbegreiflichen Lachens erschüttert, wie Kraft, die sich
staut,
Wie Truppenkolonnen, unruhig nach Ruf der Alarme,
Wenn hoch und erwartet der Tag überm Osten blaut.

Grell wehen die Fahnen, wir haben uns heftig entschlossen,
Ein Stoß ging durch uns, Not schrie, wir rollen geschwellt,
Wie Sturmflut haben wir uns in die Straßen der Städte
ergossen
Und spülen vorüber die Trümmer zerborstener Welt.

Wir fegen die Macht und stürzen die Throne der Alten,
Vermoderte Kronen bieten wir lachend zu Kauf,
Wir haben die Türen zu wimmernden Kasematten zerspalten
Und stoßen die Tore verruchter Gefängnisse auf.

Nun kommen die Scharen Verbannter, sie strammen die
Rücken,
Wir pflanzen Waffen in ihre Hand, die sich fürchterlich
krampft,
Von roten Tribünen lodert erzürntes Entzücken,
Und türmt Barrikaden, von glühenden Rufen umdampft.

Beglänzt von Morgen, wir sind die verheißnen Erhellten,
Von jungen Messiaskronen das Haupthaar umzackt,
Aus unsern Stirnen springen leuchtende neue Welten,
Erfüllung und Künftiges, Tage, sturmüberflaggt!

ERNST BLASS

Vormittag

Den grünen Rasen sprengt ein guter Mann.
Der zeigt den Kindern seinen Regenbogen,
der in dem Strahle auftaucht dann und wann.
Und die Elektrische ist fortgezogen

und rollt ganz ferne. Und die Sonne knallt
herunter auf den singenden Asphalt.
Du gehst im Schatten, ernsthaft für und für.
Die Lindenbäume sind sehr gut zu dir.

Im Schatten setzt du dich auf eine Bank;
die ist schon morsch; – auch du bist etwas krank –
du tastest heiter, daß ihr nicht ein Bein birst.

Und fühlst auf deinem Herzen deine Uhr,
und träumst von einer schimmernden Figur
und dieses auch: Daß du einst nicht mehr sein wirst.

GERRIT ENGELKE

Ein herbstlich Lied für Zweie

Auch diesem Stieglitz da im Blätterfall
Tickt wunderbar in seinem Federball
Ein schüchtern schluchzend Herz, ein kleines,
Ein Herz wie meins und deines.

Der Vogel singt, weil ihn sein Herz bezwingt
Und große Sonnenluft ihn frisch umschwingt –
Er muß von seinem Herzen zehren.

Und jedes Flüsterbäumchen, uns vertraut,
Trägt unter seiner weichen Rindenhaut
Ein horchend Neugierherz, ein wachsend kleines,
Ein Herz wie meins und deines.

Der Baum verzweigt, und weiter zweigt er still,
Weil frei sein Herz ins Blaue schauen will –
Er muß von seinem Herzen zehren.

Wer spürt, wie bald das nächtge Schweigen naht –
Du hast mich lieb und gehst denselben Pfad;
Wir leben zueinander warm und still,
Wie unser ruhlos, wunschgroß Herz es will.

Einmal ist Schauerstille um uns her,
Das Herz klopft aus, ist tot und leer –
Wir müssen all von unserm Herzen zehren.

FRANZ WERFEL

Als es fünf geschlagen

Als es fünf geschlagen,
Wußt ich nichts von dieser frühen Zeit.
Meine Augen lagen
Noch im Dunkel geist- und traumbereit.

Ach, nach kurzer Weile
Weckt mich flüsternd ja die Stimme alt.
Aufzustehn in Eile,
Mahnt die treu sich nähernde Gestalt.

Feuer unterdessen
Schlüpft im Ofen schattenhaft entfacht.
Flammenschein gemessen
Hat sichs überall bequem gemacht.

Und im Winterzimmer
Sehe ich das Frühstück unberührt.
Guter Lampenschimmer
Kniet auf Büchern, kindlich zugeschnürt.

Als es fünf geschlagen,
Wuchs im Traum die alte Wohnung auf,
Und vorbei wie Wagen
Zogen Möbel im gedämpften Lauf.

Und es währt nicht lange,
Als ein helles Kind ans Lager schlich,
Und zu Mund und Wange
Feucht sich neigte, lachte und entwich.

Wie von Furcht getrieben
Und voll Zärtlichkeit erhob ich mich.

Atmen meine Lieben
In den Zimmern hören wollte ich.

Doch hervorgetreten
Wuchs ein Fenster auf, noch nie erschaut.
Turm und Wipfel drehten
Sich im Finstern, feindlich angestaut.

Sah, wie mit Entsetzen
Sturm die Nacht zerriß in schwerem Flug,
Und zerfranste Fetzen
Um dies Haus, ein fernes, fremdes, schlug.

Schwermut

Es steht eine Sägemühle im Wald.
Ich bin als Kind vorübergefahren.
War das vor hundert Jahren?
Jetzt bin ich nicht jung und nicht alt.
Doch ich weiß in der Straßen Lärmgefahren:
Ein Wasser schellt und schallt,
Und wirft mit raschen, mit blauen Haaren
Übers Rad seine heilige Gewalt.

Heut ist der Holunderbaum schon abgeblüht,
Und knarrte erst gestern in Frost und Schnee!
Wer rechnet das aus? Ich habe Heimweh,
Während ich doch in der Heimat steh.
Ich sprang ja kaum aus dem Bett, und bin schon müd.
Knaben rennen und wälzen sich wild durchs Gras.
Sie halten unter die alte Pumpe ihr brennendes Gesicht.
Das sind nicht meine Kameraden, ich kenne sie nicht,
Und doch ist mein Mund vom Trunk noch tropfennaß.

Ich bin ein Same hierher verweht
Aus einer fremden Welt.
Dies ist nicht mein Planet.
Doch hab ich meinen Halm in die Sonne gestellt,
Und manchmal faßt ihn solcher Wonne Gewalt,
Als neigten sich durch einen Spalt
Seine wahren Brüder und Eltern vom Zelt.
    Tau fällt,
Aber in einem alten Wald
Heiliges Wasser schallt, schellt.

Nun steh ich vor dem Gehöft der Nacht.
Der Wächter fragt: Was hast du tagsüber gemacht?
Ich habe mit meinen Küssen versengt,
Die mir am meisten Liebe geschenkt.
Der Wächter fragt: Was bringst du in der Hand?
Einer Lerche Asche, die sich im Morgenfeuer verbrannt.
Der Wächter fragt: Was weißt du zu berichten,
Undeutliche Gestalt?
Dies blieb mir von allen Geschichten und Gesichten:
Eine Sägemühle steht im Wald.

Lied der Toten

Der Regen fällt. Der Acker schmatzt.
    Wir hüpfen querfeldein.
Wir haben keinen Sinn erkannt,
    Nun sind wir ohne Sinn.

Der Regen fällt. Es tanzt der Rauch.
    Und kräuselts ohne Ziel.
Wir dachten unsrer Toten nicht,
Wir opferten kein Seelenlicht,
    Nun flammt auch uns kein Docht.

Der Regen fällt. Das Zimmer graut.
Der Raum hängt unser voll.
Wir haben nicht an Gott geglaubt,
Jetzt glaubt Gott nicht an uns.

Auf den alten Stationen

Auf den kleinen alten Stationen,
Die mein eigner Zug schon längst verlassen,
Ahn ich das Gedränge von Personen,
Die am Bahntrakt auf die Abfahrt passen.

Und ich möchte fast mich überheben
Über sie, die warten am Geleise,
Daß ich schon so weit auf meiner Reise
Vorgedrungen bin im Rüttel-Leben,

Daß ich kenne Brücken und Tunnelle,
Meer- und See- und Fels- und Stadtkulissen,
Daß mir gellen Aug und Ohr von Wissen,
Jenen unbekannt an ihrer Stelle,

Daß sie werden noch im Zeit-Zug sitzen,
Stumpf am Fenster schauen Funkenspiele
Und der tragischen Signale Blitzen,
Wenn ich ausgestiegen längst am Ziele.

OSKAR LOERKE

Nacht auf der südlichen Insel

Mag vor Sturm und Meeresrasen
Unsre Insel schütter sein,
Sitzen wir mit großen Nasen
Über stillem Felsenwein.

Im Gelärm ist nichts verloren,
Jedes Maultier ist zu Haus,
Ihrer großen klugen Ohren
Schlaf durchhallt das Meergebraus.

Wir bedenken, den wir wußten,
Des Zitronenmondes Lauf,
Glühend brechen wir Langusten
Ruhevollen Griffes auf.

Und es hat ein schönes Grauen
Halb den Tag vorweggenommen,
Grüne Wolkentreppen bauen
Schon der Sonne den Willkommen.

Grab des Dichters

Früh sah ich vorne
Vorm Tor, wo der Bauer im Kühlen harkt,
Die feurigen Dorne
Des Morgens zu maßlosem Licht erstarkt.

Der Gott hat Muße.
Andern verblieb es, ein Tagwerk zu tun,
Mir, unter dem Fuße
Der trauernd geschwätzigen Winde zu ruhn.

Wenn die uralte Traube,
Die schwarze, wiederkehrt staubig und warm,
Weckt mich immer der Glaube:
Du sollst nicht schluchzen, der Gott wird nicht arm.

Ararat

Kommt, Freunde, mit mir! Freude schlägt die Klage,
Wenngleich die Sintflut neu die Welt verschlang.
Ich weiß: die Welt erzählt sich ihre Tage
Und zählt dabei auch manchen Untergang.

Nun Orgel schon und Kuppelhahn versandet
Im Schlamm, erwacht ein Geister-Ararat,
Aus Strudelschwärze das Olivenblatt
Ist auf dem Demantrücken feucht gelandet.

Es liegt in deiner Hand gehöhltem Teller.
Die Wälder seines Ursprungs atmen schwer
In dir, sie atmen deine Hand dir leer –
Ein Tropfen Tau nur fällt herein, ein heller.

Jedoch das Wehn, das dir dein Blatt genommen,
Trosteinwärts hebt es dich auch fort vom Karst:
Der Ararat der Einsamkeit zerbarst,
Die süßen Täler haben ihn erklommen.

Im Dickicht hast du schon den Weg, die Schneise.
Die Welt um dich ist wie dein Herz so alt.
Sie glaubt es dir, glaubst du ihm die Gestalt.
Wie sonst bist du der Wandrer auf der Reise.

Dich überschwebt nach Afrika der Storch,
Du suchst den Heimatschnee, des Nordens Fichte.
In einer Stadt vom Orgelchore, horch!
Sebastian Bach singt: uns im Weltgerichte.

OSKAR LOERKE

Der Silberdistelwald

Mein Haus, es steht nun mitten
Im Silberdistelwald.
Pan ist vorbeigeschritten.
Was stritt, hat ausgestritten
In seiner Nachtgestalt.

Die bleichen Disteln starren
Im Schwarz, ein wilder Putz.
Verborgne Wurzeln knarren:
Wenn wir Pans Schlaf verscharren,
Nimmt niemand ihn in Schutz.

Vielleicht daß eine Blüte
Zu tiefer Kommunion
Ihm nachfiel und verglühte:
Mein Vater du, ich hüte,
Ich hüte dich, mein Sohn.

Der Ort liegt waldinmitten,
Von stillstem Licht gefleckt.
Mein Herz – nichts kam geritten,
Kein Einhorn kam geschritten –
Mein Herz nur schlug erweckt.

WILHELM LEHMANN

An meinen ältesten Sohn

Die Winterlinde, die Sommerlinde
Blühen getrennt –
In der Zwischenzeit, mein lieber Sohn,
Geht der Gesang zu End.

Die Schwalbenwurz zieht den Kalk aus dem Hügel
Mit weißen Zehn;
Ich kann es unter der Erde
Im Dunkeln sehn.

Ein Regen fleckt die grauen Steine –
Der letzte Ton
Fehlt dem Goldammermännchen zum Liede.
Sing du ihn, Sohn.

Die Signatur

Damastner Glanz des Schnees.
Darauf liest sich die Spur
Des Hasen, Finken, Rehs,
Der Wesen Signatur.

In ihre Art geschickt,
Lebt alle Kreatur.
Bin ich nur ihr entrückt
Und ohne Signatur?

Es huscht und fließt und girrt –
Taut Papagenos Spiel
Den starren Januar?
Durchs Haupt der Esche schwirrt,
Der Esche Yggdrasil,
Die Hänflings-, Zeisigschar.

Die goldnen Bälle blitzen,
Vom Mittagslicht gebannt,
Bis sie in Reihen sitzen,
Der Sonne zugewandt,
Wie Geister von Verklärten,
Die noch die Götter ehrten.

Die leisen Stimmen wehn
Aus den verzückten Höhn
Ein Cembalogetön.
Die Vogelkreatur,
Kann ich sie hören, sehn,
Brauch ich nicht mehr zu flehn
Um meine Signatur.

Der Holunder

So grundgeheim wie jedem offen,
Wird er im Unbewohnten nicht getroffen.
Mit der betrübten Schar der Menschen teilt er seine Zeit,
Aus ihrem Kummer saugt er Heiterkeit.
Abwässer tränken ihn, ihn nähren Exkremente,
Als wenn er am Verworfenen entbrennte.
Auf schwanken Tisch setzt er sein Duftgericht in hellen Tellern;
Wer braucht den Schatz, den niemand sucht, zu kellern?
Durch seine Glieder zieht ein weißes Mark,
Nicht schwerer als die Luft, doch stark
Wie leichter Sinn, der niemals trumpft.
Verlierst du ihn, die Erde schrumpft!
Mann ist der Holder, Frau zugleich,
Aus harter Wurzel springt er weich.
Zu seinen Füßen ruhte Käthchen von Heilbronn,
Er weiß es noch. Er träumt davon.

Noch nicht genug

Hast du noch nicht genug vom Bitteren der Welt gegessen?
Die Zeit ist um. Was zögerst du?
Versuchte ich, sie zu vergessen,
Sie strömt mir wieder zu.

Am Wege, den der Tritt der Schafe ziseliert,
Tanzt Klette in bestaubter Krinoline.
Dicht unter Wolken galoppiert
Wie Flügelpferd die Bekassine.
Die grüne Stirn des Hügels wischen Zirrusstreifen,
Durch Vogelfedern saust der Wind als Orgelpfeifen.

Die Schafe weiden, frisch geschoren,
Prinz Florizel hat Perdita erkoren.
Das Purpurmal im gelben Schlunde glüht
Der Schlüsselblume, halb verblüht –
Jachimo sah's an Imogen.

Listige Dohlen sind zu Häupten munter,
Den Wunschring wirft ihr Schnabel mir herunter.
Läßt er sich über meinen Finger ziehn?
Er gleitet leicht, er läßt sich drehn:
Der Teppich Salomonis hat mich aufgehoben,
Ich schwebe, Vögel unten, oben,
Zu Sessel mir und Baldachin.

Unberühmter Ort

Septemberpause, da schweigt der Wind.
Unter hohem Himmel, bei Hafergebind,
Chronist, memorier
Geschwindes Jetzt, veränderliches Hier.

Den unberühmten Ort
Bemerkte kein schallendes Wort.
Nie hat er Charlemagne gesehn,
Auch keine Schlacht ist ihm geschehn.
Die Hecken tapeziert der Harlekin mit Flügelseide,
Sie stünde Kaiser Karl wie Hermelin zum Kleide.

Der Apfel bleibt liegen, wohin er fiel;
Den Sand des Weges schlitzt ein Bauernwagen;
Die Stare sammeln sich. Sie halten Konzil.
Hör zu, Chronist, schreib mit, was sie sagen.

Februarmond

Ich seh den Mond des Februar sich lagern
Auf reinen Himmel, türkisblauen.
In wintergelben Gräsern, magern,
Gehn Schafe, ruhen, kauen.

Dem schönsten folgt der Widder, hingerissen.
Die Wolle glänzt, gebadete Koralle.
Ich weiß das Wort, den Mond zu hissen,
Ich bin im Paradiese vor dem Falle.

KONRAD WEISS

Nachtlied

Leicht wallt Gewölke vor dem Mond hin,
weißen Atem haucht die Nacht aus,
leise flüstern die Blätter dem Wind nach,
die Seele tritt aus ihrem dunklen Bild heraus.

Frage ist auf Frage Antwort nur,
schied die letzte, zittert noch der Mund,
stößt die Seele jäh auf den verborgnen Grund,
nächtens weckt die Mutter auf ihr Kind.

Aktäon

Wer so mit Schallen bläst,
es sinkt das Glück
des Jagens nicht ins Herz zurück,
ein Odem, der an Wälder stößt
und wiederkehrt und unerlöst
gebiert es Stück für Stück.

Jungfrau zu dir gesinnt,
die sein Verlies
mit Macht aufbrach und ihn verstieß,
die Hindin ist allzu geschwind,
es braust, die Seele hebt ein Wind,
er will doch nichts als dies:

Die Eile nicht, die Flucht,
die Beute nicht,
nichts als wie in dein Augenlicht
gleich einem Blitz in dunkle Schlucht
in seines Sturzes kranker Wucht
verwurzelt und verflicht.

Der Horcher, wann es lockt,
von wannen tief
das Echo, das zu kommen rief,
das, wenn des Jagens Fuß ihm stockt,
Ruf immer weiter klingt und lockt,
der niemals wieder schlief,

er wendet, wendet nicht
vor reiner Qual
ihm ausgetan im Erdensaal,
wer bricht dies eingeborne Licht,
es trägt den Schall an Wälder dicht
der Jäger ohne Wahl.

Nun sieht er, wie es kreist
im vollen Rund,
als sei mit reinem Glockenmund
sein Herz und sein Verlies gespeist,
mit Macht, die ihn von dannen reißt
zum unlösbaren Bund.

Noch horcht er auf den Ton,
noch steht er still,
ein Baum, der sich entschälen will,
ein Hirsch umringt von Wassers Drohn,
in einem Blitz ein kaltes Lohn,
ein Halten und kein Ziel.

Der Meute ist er frei,
der jetzt verzagt,
der seinen Blick zum Grund gewagt,
er ist im reinen Ton entzwei,
er trägt den Blitz wie ein Geweih,
nun wird er selbst gejagt.

Harter Tag

Der Himmel, täglich gewitterschwanger,
entlädt sich nicht,
da öffnet die Seele sich immer banger
dem falschen Licht,

darin sie gefangen in blinden Gängen
die Ufer tauscht,
wie Gräser strähnig im Winde hängen,
der Atem rauscht.

Der Blick nach ferne treibenden Zielen
wird nimmer matt,

so wie sich gehalten an langen Stielen
verkehrt das Blatt.

Das milde Licht aus dem dunklen Laube
entweicht, wie Geduld
sich zähmend bricht, und am nächsten Raube
ein Hauch wie Schuld

nun wechselt schneller von Mund zu Munde
und sucht Gestalt,
da leidet im Herzen zu dieser Stunde
der Himmel Gewalt.

Der Mond

Ein abgebrochnes Stück,
dem goldnen gleich vom Pol
herabgedrückt zum Hohl
der bangen Mitternacht,
bleibt ihm mit scharfem Rand zurück,

wem? Diesem, der da blickt
und weil er Atem holt,
nicht dies Gesicht von Gold
bewacht, und weil er wacht
und bangt, die finstre Bucht
mit Atem zu sich selber schickt.

Schon ist der Donner dort,
o wache nicht, du mußt
sonst sammeln in der Brust
mit trümmerhafter Sucht
was, kalt dies Gold der Nacht,
das Monde wechselnd hängt am Ort.

Nun wird er Blut und Ruß,
nun steht er auf dem Bord
des Rachens und verdorrt
beflammt, und von der Nacht
verschlungen, bebst du bis zum Fuß.

Ich erstaune tief in Scheu,
wie sich alles fügt,
nicht gewollt und nur getreu
mich kein Ding betrügt,

wie ich einen Willen tun
in Entfernung muß,
doch der Wille hüllt mich nun
wie in Baumes Nuß.

Immer in Bewegung ich
war doch immer Ruh,
wie ich dachte, regend mich,
handeltest nur du.

Wirf die Nuß ins Ackerland,
wenn der Baum erbebt,
ich bin nicht, in deiner Hand
sieh die Schöpfung lebt,

ich bin alles, Mensch auch ich,
wandelirrer Stern,
ihn gebar die Jungfrau sich
und ich harre gern.

Unerschütterlich erblüht
wird dies Herz in Gott,
singe mir das Wiegenlied,
Jungfrau Kummernot.

JOACHIM RINGELNATZ

Ehrgeiz

Ich habe meinen Soldaten aus Blei
Als Kind Verdienstkreuzchen eingeritzt.
Mir selber ging alle Ehre vorbei,
Bis auf zwei Orden, die jeder besitzt.

Und ich pfeife durchaus nicht auf Ehre.
Im Gegenteil. Mein Ideal wäre,
Daß man nach meinem Tod (grano salis)
Ein Gäßchen nach mir benennt, ein ganz schmales
Und krummes Gäßchen, mit niedrigen Türchen,
Mit steilen Treppchen und feilen Hürchen,
Mit Schatten und schiefen Fensterluken.

Dort würde ich spuken.

Meine alte Schiffsuhr

In meinem Zimmer hängt eine runde,
Alte, achteckige Segelschiffsuhr.
Sie schlägt weder Glasen noch Stunde,
Sie schlägt wie sie will, und auch nur,

Wann sie will. Die Uhrmacher gaben
Sie alle ratlos mir zurück;
Sie wollten mit solchem Teufelsstück
Gar nichts zu tun haben.

Und gehe sie, wie sie wolle,
Ich freue mich, weil sie noch lebt.
Nur schade, daß nie eine tolle
Dünung sie senkt oder hebt

Oder schüttert. Nein, sie hängt sicher
Geborgen. Doch in ihr kreist
Ein ruhelos wunderlicher
Freibeuter-Klabautergeist.

Nachts, wenn ich still vor ihr hocke,
Dann höre ich mehr als Ticktack.
Dann klingt was wie Nebelglocke
Und ferner Hundswachenschnack.

Und manche Zeit versäume
Ich vor der spukenden, unkenden Uhr,
Indem ich davon träume,
Wie ich mit ihr nach Westindien fuhr.

Überall

Überall ist Wunderland.
Überall ist Leben.
Bei meiner Tante im Strumpfenband
Wie irgendwo daneben.
Überall ist Dunkelheit.
Kinder werden Väter.
Fünf Minuten später
Stirbt sich was für einige Zeit.
Überall ist Ewigkeit.

Wenn du einen Schneck behauchst,
Schrumpft er ins Gehäuse.
Wenn du ihn in Kognak tauchst,
Sieht er weiße Mäuse.

Die Ameisen

In Hamburg lebten zwei Ameisen,
Die wollten nach Australien reisen.
Bei Altona auf der Chaussee
Da taten ihnen die Beine weh,
Und da verzichteten sie weise
Dann auf den letzten Teil der Reise.

GEORG VON DER VRING

Waldlager bei Billy

Rollen noch wie Mäuse
Eicheln übers Dach,
In des Drahtbetts Reuse
Lieg ich überwach.

Alle sind gegangen,
Keiner mehr bei mir.
Draußen rauschen die langen
Eichen mit Goldpapier.

Blumen nicht, noch Küsse.
Briefe lichterloh.
Ach, die Haselnüsse
Deiner Augen, wo?

Nüsse eine Menge,
Küsse eine Zahl.
Blumen ein Gedränge,
Briefe eine Qual.

Wald mit tausend Pfützen.
Wer tritt ins Haus?
Hall von Geschützen
Löscht die Kerze aus.

Liebeslied eines Mädchens

Wenn wir Mund auf Munde
Lagen in der Nacht,
Ward zu mir die Kunde
Jener Zeit gebracht,

Da ich dich nicht fühlte,
Und im Gartengrund
Mir die Lilie kühlte
Angesicht und Mund.

Weißt du jenen Garten,
Der von Lilien roch?
Hatt ich Ruh zu warten?
Ach, jetzt wein ich doch!

Keine Ruh zu weinen
Hatt ich bis zu dir,
Darum stehn und scheinen
Lilien hinter mir.

Wie Haselgelb, das wehen wird

Weil ich dich nicht mehr sehen kann,
Wenn meine Blicke brechen,
So sorg ich, was geschehen kann,
Und darf mir nichts versprechen.

Doch weil ich kenn, was dauern soll
An dir und deinem Wesen,

So frag ich, was ich trauern soll,
Der dies verstand zu lesen.

Wie Haselgelb, das wehen wird,
Aufs Rot gelangt der Narben,
Erkund ich, was geschehen wird,
Aus Augen dunkelfarben.

Was stumm sie hier verkünden, heißt
Woanders schon ein Sprechen;
Doch jene Welt ergründen, heißt,
Noch grün die Nuß sich brechen.

Aus einer Nacht

Oh Nachtgedank, mein Ungewinn:
Ich werde nie sein, der ich bin.
Der Ulmbaum ists, das Weinlaub ists,
Du Regenguß an Scheiben bists,
Ihr Füchse seids, ihr Gruben seids,
Ein hingeflüstert Wort bereits.

Dies lag mir schon im Kindersinn:
Ich werde nie sein, der ich bin.
Die Mutter wars, das Zimmer wars,
Der Fluß im Sterngeflimmer wars.
Ein Hund im Ort, ein Hund an Bord,
Ihr Zorngebell durch Stunden fort.

Mich führt kein Weg zu keinem hin:
Ich werde nie sein, der ich bin.
Was ich bedenk, bleibt ungelenk,
Was ich betracht, scheint ungeschlacht;
Was ich mir träum, sind Uferbäum,
Darin ich euren Ruf versäum.

Ihr ruft mir schon seit Anbeginn,
Jedoch ich bin nicht, der ich bin.
Ich hör im Ried, ich hör im Schilf
Mein unverlierbar Lied: Gott hilf!
Und greif ins Haar, ob ich erfahr,
Daß ich ein Schilf, ein Ried nie war.

FRIEDRICH SCHNACK

Kleine Legende

In Abendlande ging ich fort,
Hier summt kein Wind, hier tönt kein Wort.
Der Mensch, ein Hirte, stieg zur Au
Geliebt von Luft, gekühlt von Tau.

Das weiße Schaf zieht durch den Hain,
Der Hund steht schwarz im Blumenschein,
Ein Vogel lockt und schläft im Strauch,
Bald ruht der hohe Hirte auch.

Die helle Mondensichel geht,
Wo Mohn und Sternenblüte steht.
Das Wasser quillt, das Wild kommt weit
Vom schwarzen Berg der Ewigkeit.

Vogelwolke

Ich sehe eine Vogelwolke reisen,
Vom Nordlandkap, wo Meere tot vereisen.
Ich höre eine Vogelwolke sausen,
Da dürre Winde in den Wäldern brausen.

Hoch über meinem Haus
Weht eine Vogelfahne welthinaus,
Die winkt und raucht nach südlichen Gestaden,
Wo Morgengötter in den Fluten baden.

Der Nebel dampft empor, Herbstfeuer kochen,
Die letzten Früchte sind gebrochen.
Das Land ist leer.
Kein Wandrer schweift im Grunde mehr.

Ich sehe eine Vogelwolke wogen,
Ein Vogelbogen kommt vom Nord gezogen,
Ein geisterschwarzer Seelenriesenflügel
Schwimmt ungeheuer über Wald und Trauerhügel
Und rauscht im späten Tage
Hinab in eine große Wandersage.

Der magische Wirt

Speise, Frucht und Wein
Trägt er schattenlos herein.
In den goldnen Zelten
Speist er alle Welten.
An des Tisches Tafelrunde
Spricht er mit gelöstem Munde.
Von dem Meer,
Aus der Ferne kam er her.
Duft aus seinem Gastgewand
Kündet Morgenland.
Glanz auf seiner Wange
Leuchtet wunderbar und lange.
Mit den Göttern sprach er tief,
Als er bei den Bettlern schlief.

WERNER BERGENGRUEN

Die Heimkehr

Tritt in den ewigen Bildersaal,
Nimm Sternen-Brot und -Wein.
Du sollst beim großen Abendmahl
In deinem Erbteil sein.

Es zeigen sich und neigen dir
Die alten Zeichen groß.
Das Einhorn legt die Silberzier
Gesenkt in deinen Schoß.

Die Flügel hebt der Pelikan
Weißblitzend zum Empfang.
Die Leier glänzt, dich grüßt der Schwan
Mit süßem Sterbesang.

Der königliche Vogel Greif
Bringt dir zum Gastgeschenk
Den siebenfarbnen Pfauenschweif,
Orion sein Gehenk.

Der Drache wird dein Weggesell,
Die Schlange dein Gespiel.
Du trägst ein goldnes Löwenfell,
Das dunkle Kleid zerfiel.

Durch Welten gingst du, Wanderstern,
Und bist zum alten Herd
Und bist zum Vater und zum Herrn
Geliebter heimgekehrt.

So wachse tönend himmelauf,
Du vorbeseelter Lehm.
Die Mittnachtsrose blüht am Knauf
Von deinem Diadem.

Leben eines Mannes

Gestern fuhr ich Fische fangen,
Heut bin ich zum Wein gegangen,
– Morgen bin ich tot –
Grüne, goldgeschuppte Fische,
Rote Pfützen auf dem Tische,
Rings um weißes Brot.

Gestern ist es Mai gewesen,
Heute wolln wir Verse lesen,
Morgen wolln wir Schweine stechen,
Würste machen, Äpfel brechen,
Pfundweis alle Bettler stopfen
Und auf pralle Bäuche klopfen,
– Morgen bin ich tot –
Rosen setzen, Ulmen pflanzen,
Schlittenfahren, fastnachtstanzen,
Netze flicken, Lauten rühren,
Häuser bauen, Kriege führen,
Frauen nehmen, Kinder zeugen,
Übermorgen Kniee beugen,
Übermorgen Knechte löhnen,
Übermorgen Gott versöhnen –
Morgen bin ich tot.

Duschkas Lied

Springe, Pferdchen, du mein junger Adler!
Trage mich den Weg nach Sucha Gura.
Hab den Zaum mit Rosmarin durchflochten,
Raute in die Mähne dir gebunden.

Steht am lieben Himmelchen die Sonne,
springe, Pferdchen, du mein junger Adler!
Kennst das Hüttchen, kennst das schlanke Mädchen,
und sie wird dir gelbe Körner schütten.

Schüttle, Birkchen, deine lichten Zweige,
daß die klaren Tränen niederfallen.
Aber weine nicht, mein schlankes Mädchen,
weine, Pferdchen, nicht, mein junger Adler!

Schläft der alte König tief im Hügel,
frißt sein Pferd den bleichen Totenhafer.
Einmal wirds ihn aus dem Hügel tragen
und den goldnen Sonnenhafer fressen.

Frage und Antwort

»Der die Welt erfuhr,
faltig und ergraut,
Narb an Narbenspur
auf gefurchter Haut,

den die Not gehetzt,
den der Dämon trieb –
sage, was zuletzt
dir verblieb?«

»Was aus Schmerzen kam,
war Vorübergang.
Und mein Ohr vernahm
nichts als Lobgesang.«

HANS LEIFHELM

Die Alpendrossel

Aus der Tiefe schwillt die Schattenflut,
Talbedeckend, wogend ohne Ende,
Schweigend heben sich die Felsenwände
In des roten Abendhimmels Glut.
Wie erstarrter Schrei der Einsamkeit
Ragt ein bleicher Gipfel in die Leere,
Mich verlockend, daß ich aus der Zeit
In das Ungeborne wiederkehre.

Eines fernen Wetterleuchtens Schein,
So verglüht Erinnrung mir im Herzen,
Weißer Germer zündet seine Kerzen,
Und der Glimmer funkelt irr am Rain.
Wie ein Rauch auf namenloser Flur
Zieht Gewölke hin im Abendstrome,
Mücken wabern, einstigen Lebens Spur,
Das zersprang in tanzende Atome.

Da ertönt unsäglicher Gesang
Aus dem Dunkel eines Tannenbaumes,
Letzte Stimme des verlornen Raumes,
Einmal noch des Lebens süßer Klang –
Da der Alpendrossel Lied mich rief,
Strahlte auf aus purpurdunkler Ferne,
Was verschüttet und begraben schlief.
Leuchtend standen über mir die Sterne.

Mit dem Sichelmond, mit dem Abendstern

Auch in fremdem Land,
Wo ich dir so fern,
Wo ich lange schon verschollen war,
Strahlt dein Angesicht
Mit dem Abendstern,
Weht am nächtigen Himmel hin dein Haar,
Tanzt dein schlanker Fuß
Mit dem Sichelmond,
Winkt mir lieblich deine weiße Hand,
Grüßt dein Lächeln mich,
Das im Lichte wohnt,
Süßer Trost im bittern Menschenland.

Durch die Fluren geht
Kühl der Abendwind,
Silbersaiten klingen deinem Tanz,
Dunkle Brandung ruht,
Und das Leid verrinnt,
Silberwolken spiegeln deinen Glanz.
Eine Stimme süß
Ist im Tal erwacht,
Horch, ein Nachtigallenflöten fern,
In Vergessenheit
Hüllt mich ein die Nacht
Mit dem Sichelmond und Abendstern.

Über fremder Welt
Winkt dein holder Gruß,
Winkt dein Lächeln, deine weiße Hand,
Mit dem Sichelmond
Schreitet schlank dein Fuß,
Kühler Tau rinnt nieder auf das Land.
Fern am Himmel hin

Weht dein nächtig Haar,
Wendet nieder sich dein Angesicht,
Mit dem Abendstern
Strahlt dein Haupt so klar,
Meines dunklen Lebens schönes Licht.

GEORG BRITTING

Gras

Fettes Gras. Der Panzerkäfer klettert
Schillernd halmempor.
Beuge dich! Ganz tief das Ohr!
Hörst du, wie es klirrt und schmettert?

Wie sich die Eisenringe wetzen!
Gelbes Gold das Schuppenhemd.
Die gestielten Augen widersetzen
Sich den Menschenaugen fremd.

Blau der Stahlhelm. Und die Fühler
Tasten jeder Rispe Rand.
Weht ein Wind her. Kühler
Trifft er deine griffbereite Hand.
Flügel schwirrn. Er fliegt davon.
Fernhin in sein gräsern Käferland.

Der Hahn

Zornkamm, Gockel, Körnerschlinger,
Federnschwinger, roter Ritter,
Blaugeschwänzter Sporenträger,
Eitles, prunkendes Gewitter

Steht er funkelnd auf dem Mist,
Der erfahrne Würmerjäger,
Sausend schneller Schnabelschläger,
Königlich noch im Vergeuden,
Wenn er lässig stolz verschenkt
Den Wurm, den er emporgeschwenkt.

Und nun spannt er seine Kehle,
Schwellt die Brust im Zorn:
Schallend tönt das Räuberhorn.
Daß er keinen Ton verfehle,
Übt er noch einmal von vorn.

Hühnervolk, das ihn umwandelt,
Wenn er es auch schlecht behandelt,
Lauscht verzaubert seinem Wort.
Wenn sein Feuerblick rot blendet,
Keines wendet sich dann fort,
Denn er ist der Herr und Mann,
Der an ihnen sich verschwendet
Und die Lust vergeben kann.

Und, sie habens oft erfahren,
Die um ihn versammelt waren:
Goldner Brust, der Liedersinger,
Ist der mächtige Morgenbringer,
Der selbst dem Gestirn befiehlt.
Wenn er seine Mähne schüttelt
Und schreit seinen Schrei hinaus,
Der am Nachtgewölbe rüttelt,
Steigt die Sonne übers Haus.

Der Weinkrug

Laßt mich heut im sapphischen Maß den blauen
Weinkrug schildern: bauchig gewölbt, mit schönem
Halse, weiß getüpfelt, erglänzt er riesig
Zwischen den Gläsern.

Wenn die Honigstimme aus Lesbos klagend
Von der Purpurlippigen Brautbett singt, von
Reifenspiel und Ballwurf und blauen Augen
Griechischer Mädchen –

Sappho, du verargst es mir nicht, im gleichen
Tonfall von der Schenke zu schwärmen, von dem
Alten Glück der zechenden Männer an den
Hölzernen Tischen,

Wo das herzerfreuende Wort der Freunde
Tönt wie braunes Bienengesumm: der Honig
Träuft uns süß und schwer aus dem weiß getupften
Bauchigen Weinkrug.

Wo war das im Winter verborgen?

Wo war das im Winter verborgen?
Nun rötet sich manches geschwind,
Und die Veilchen machen sich Sorgen,
Ob sie auch blau genug sind.

Im Winter war alles weiß,
Die Flüsse lagen im Eis,
Weiher und Wasserfall.

Nun rennen die Flüsse so schnell wie der Wind,
Und der Wasserfall schwätzt wie ein Kind.

Woher kommt das flammende Rot?
Das Lodern der Nessel am Pfad?

Warum schlägt der Pfau nun sein Rad?
Sie folgen all einem Gebot.
Aber wer sprach es aus?

Bald ist dein Haus nun im Grünen begraben,
Und deine Knaben
Stürmen mit Fäusten voll Blumen zu Tisch.
Hörst aus dem Laube den Vogelschall dringen,
Süß gurrt die Taube,
Und nur den Raben bringt niemand zum Singen,
Stumm schwimmt der Fisch.

Was hat, Achill ...

Unbehelmt,
Voran der Hundemeute,
Über das kahle Vorgebirge her
Auf ihrem Rappen eine,
Den Köcher an der bleichen Mädchenhüfte.

Ein Falke kreist im blauen, großen,
Unermeßlich blauen,
Großen Himmel.

Er wird niederstoßen,
Die harten Krallen und den krummen Schnabel
Im Blut zu tränken, dem purpurnen Saft,
An dem das Falkenvolk sich wild berauscht.

Die nackte Brust der Reiterin.
Ihr glühend Aug.
Die Tigerhunde.
Der Rappe, goldgezügelt.
Sie hält ihn an.

Mit allem Licht
Tritt aus den Wäldern vor

Der Mann der Männer.
Die Tonnenbrust.
Auf starkem Hals das apfelkleine Haupt.

Er sieht die Reiterin.
Und sie sieht ihn.
So stehn sich zwei Gewitter still
Am Morgen- und am Abendhimmel gegenüber.

Der Falke schwankt betrunken auf der Beute.
Was hat, Achill,
Dein Herz?
Was auch sein Schlag bedeute:
Heb auf den Schild aus Erz!

Jägerglück

Du bückst dich, hältst ein Vierblatt empor, als gäb
Es viele: aber andere suchen lang
Im grünen Kleefeld glücklos. Dir doch
Zeigt es sich gern, das sonst so scheu ist.

Und wills die Stunde, brauchst du wie träumend nur
Das Flintenrohr zu heben im Wald: schon stürzt
Das Reh. Das stieg aus heiterm Talgrund
Eilig herauf, um den Tod zu finden.

Was nicht der List des kundigsten Fischers glückt,
Oft glückts dem Neuling: hoch aus dem Bache schnellt
Er leichter Hand die alte, schlaue
Gumpenforelle ans grelle Taglicht –

Und wild sich schleudernd hilft sie noch selbst dem Feind.
Es zwingt das Herz, das reif ist, den Pfeil herbei.
Drum preise laut den Schuß nicht, Schütze!
Schultre den Bogen und troll dich schweigend!

JOSEF WEINHEBER

Taubnesseln

Da der große Mond
stumm und erlaucht
sein gelöstes Blond
in die Brunnen taucht:

hebt ihr, grau bestaubt,
ihr im rauhen Gewand,
hebt das feuchte Haupt
nach dem Himmelsbrand.

Ist nicht alles gleich?
Ist nicht alles tot?
Über Gräbern bleich
wogt ihr weiß und rot
und die Straße hin
in die Ewigkeit.
Eine wilde Welt,
eine schütternde Zeit
hat euch taub und dumm
an den Rand gestreut –

Und ihr schwellt und weint,
an den Rand gestreut,
wo kein Stern mehr scheint,
der den Bund erneut;

und ein Ruf geht um
in später Frist,
eine Trauer geht um,
die kein Herz ermißt:

Da der große Mond
erhaben und stumm
sein gelöstes Blond
in die Brunnen gießt.

Alkaios, der Dichter

Allalles ausgelöscht, aus der Brust gezerrt
das Herz, im Fremdland, immer das Schwert zur Hand,
auf grauer Wanderschaft und gram der
heiligen Heimat, den Göttern singend

zum Waffenklirren fruchtlosen Sang: Die Schmach,
die, mich verratend mitten in meinem Volk,
den Zwingherrn dichtgedrängt umwogt mit
Lob, in der Stadt in der schwergeprüften.

O aufstehn hätt ich, sagen gewollt: Ein Mann
ist nötig. Sprechen, wie sich das Wort erhob
aus unsern Vätern. Doch die Scham ver-
band mir den Mund. Ich verschwieg es; leide.

Ja, vor die Hunde bin ich gegangen, in
die Irre; taumelnd wechseln mir Schuld und Nacht.
Jedoch vor meinem Hause, das mir
schimmert vom Erze geweihter Waffen:

Vor meinem Haus hin hab ich den Stolz gepflanzt.
Unbeugsam. Das geziemt zu vergessen nicht.
Denn vom Geschick bin ich gewollt als
Krieger, der singt. Und lebe, wenn auch

in Unehr, ich. Mein Heilkraut ist gut. Dem Leid,
mein Kind, darf man die Seele nicht anvertraun.
Netz mir mit Rausch die Schläfen! Denn das
alte Gestirn schwingt herum. Nun gilt es!

Was klein ist, hab ich immer gehaßt; verehrt
das Göttliche, gekämpft und den Wein geliebt.
Im Nebel mich verlierend um die
Inseln, die ewigen, wo mit bunten

groß ausgespannten Schwingen ...

Leitspruch

aus »Wien wörtlich«

Ein armer Dichter, wenig nur bekannt,
der sagt sich, meine Weis is überspannt,
bei dem Sonetten- und Terzinendreck
bleibt mir am End die ganze Kundschaft weg,
i setz mi hin und schreib auf wienerisch,
was i so reden hör am Wirtshaustisch,
damit das Publikum der entern Gründ
halt auch einmal sein Dichter findt, ja, ja:
Des hat kan Goethe gschriebn, des hat kan Schiller dicht',
is von kan Klassiker, von kan Genie,
des is a Weaner, der mit *unsern* Göscherl spricht,
und segn S', erst *des* is für uns Poesie.

Alt-Ottakring

Was noch lebt, ist Traum,
ach, wie war es schön!
Jüngre werden kaum
jene Zeit verstehn,
wo das Kirchlein stand
und die Häuser blank
unterm Giebelrand
hatten Weingerank.

Und im Herbste gar,
wenn der Maische Duft
hing im blauen Klar
der beschwingten Luft!
Von den Hügeln schlicht
kam der Hauer Sang,
da die Stadt noch nicht
grau ins Grüne drang.

Heut ein Steinbezirk
wie ein andrer auch,
und nur sanft Gebirg
schickt wie einst den Hauch,
Hauch von Obst und Wein
in die Gassen aus,
und der Sonnenschein
liegt auf altem Haus.

Da und dort ein Tor
hat noch breiten Schwung,
Buschen grün davor
lädt wie einst zum Trunk,
und im Abend wird
längst Vergangnes nah,
spielt ein Bursch gerührt
Ziehharmonika.

RICHARD BILLINGER

Mond

Locke du das Boot zum Hafen,
laß es, ach, vor Anker gehn!
Alle Pfeile, die mich trafen,
steil mir noch im Herzen stehn.

Knecht' und Mägde warfst du hin
und das Vieh tränkst du im Stalle,
brausest her im Sternenschwalle,
bis die Schlummerfrucht gediehn.

Drohender, du leuchtest mir!
Immer wieder dir zu dienen,
bist du, Mächtiger, mir erschienen,
zeigest zarter Wölklein Zier.

Immer wieder dich zu lieben,
wache ich am offnen Fenster.
Schatten dräuender Gespenster
sind mit mir auch wachgeblieben.

Feßle sie mit heiligen Banden,
schenk die Klag dem Unkenchor!
Macht ich tief mich auch zuschanden,
hebst du, Strahlender, mich empor.

Tänzer Nijinski

Tanztest du auf Pantherrücken?
Mochtest du den Mond entzücken?
Oh, der Wahn dein Herz umhauchte!
Könige dir Throne bauten.
Und Europas Augen faßten,
Stern, dich kaum, dich jäh verblaßten.

PETER GAN

Die »Windrose« spricht

Ich bin das Erlebte als Lied
und bin das Erlittne als Reim:
was dunkel verworren geschieht,
es findet verwandelt als Lied
ins Klare, ins Gültige heim.

Die allunermeßliche Welt,
unzählige Sterne dazu,
und was der Gedanke enthält:
unendlich die innere Welt,
mein Friedhof wiegt alle zur Ruh.

Da schlafen im stillen Revier
die Mumien schwarz und verdorrt
in Gräbern aus weißem Papier.
Tritt ein in das stille Revier.
Vielleicht gefällt es dir dort.

Damals

Laßt mir den Geschmack am Damals!
Vor der Zukunft ist mir bang,
weil es immer anders kam als
ich es hoffte, lebenslang.

Gerne werd ich zum Gespött in
Kreisen, die robuster sind.
Für den Charme der mächtigen Göttin
»Jetztzeit« bin ich leider blind.

Die gesamte Lichtreklame
(und »Mehr Licht!« ist heute Trumpf)
schenk ich der pompösen Dame
gern für einen Auerstrumpf.

Einer Droschkenrosinante
zu begegnen, welch ein Fest!,
die im Lauf wie Atalante
goldne Äpfel fallen läßt.

Aber die den Venuswagen
schwirrend durch die Lüfte ziehn,
echte Spatzen sozusagen,
gibt es nicht mehr in Berlin.

Das Lied

Seltsam, ich singe und bin
sicher: mein Singen hat Sinn.
Sinne ichs aber genau,
wird alles Nebel und grau.

Alles verständige Wort
flügelt ins Vage sich fort,
und der bestimmte Begriff
kentert: ein sinkendes Schiff.

Warum sing ich? »Du sangst«,
antwortet Angst mir, »aus Angst.
Angst hat Dich, Angst vor der Nacht,
Nachtigall, singen gemacht.«

Sternfreund, und hörst du mein Lied?
Alles Befremdliche flieht.
Sinne geben und Sinn
selig einander sich hin.

ALBIN ZOLLINGER

Sonntag

Ganz ferne Musik.
Mundharmonika oder Kirchweih.
Es riecht nach Sonne in Sägespänen.
Hemdärmel der Knechte
Bauschen sich, Bohnenblüten.
In Kammern tropft Harz.
Vom Sommer der Zeitung
Schlummert der Ahn
In bestaubten Kamillen.
Radfahrervereine
Läuten schalmeiend vorüber.
Der Biergarten klappert.

Abendbrand

Du indianerrote Wolkensonne
Entzündest wieder Steppenfeuerwonne,
Huronenherbst und Brand im Regenwald.
O überschwenglich fremder Aufenthalt!

Gegrüßt, entrückte Höhen, Rauchgewühle!
Häuptlinge lagern in der Schattenkühle,
Ein schwarzer Reiter schwankt am Fernesaum,
Von Büffelherden leise stiebt der Raum.

Seid ihr noch immer da, ihr Kindheitsgründe,
Meer in Gewölk, goldene Himmelsschlünde?
Auf einmal glüht die graue Welt sich aus,
Schmückt sich ein festliches, verklärtes Haus!

Frühglocke

Blaue Dome stehn im Pflaumengarten.
Gehn die Träume, die mich nächtens narrten?
Ob ich das Gebirge Tag erklimme?
Flaumig stapft im Nebel eine Stimme.
Eine Glocke schwingt im Bauernlande.
Riecht es nach von einem fernen Brande?
Unaussprechlich blüht es mir im Herzen,
Geistert es mit einem Schein von Kerzen.
Mittelalter, Kloster, Korn und Feuer
Funkeln wunderbar, Geruch von Scheuer
Netzt die roten Äpfel in den Bäumen.
Fängt das Dunkel an, sich zu besäumen?
Haucht das Milchige von Phlox am Himmel,
Steht der Garten auf mit Korn und Kümmel?
Hör, das Läuten dämmert wieder zu,
Alles Leben hat noch gute Ruh.
Wie der Hahn um Mitternacht erwacht
Und mit seinem Schrei sie heiter macht,
Täuschte sich der Tag in seinem Traum,
Ach, die Nacht bewegte sich noch kaum!
Oder flügeln Falter in den Fenstern?
Weht es immer noch mit Duftgespenstern?
Staub der Straßen steigt und frühes Traben.
Und die Maus beginnt im Spind zu schaben.
Morgen, wie begrüßt dich meine Brust!
Leben, Leben, Tag, herzheiße Lust!

MAX RYCHNER

Was kehrt wieder!

O geträumte Träume in Figuren
Hin durch mich gespielt und leicht versprüht,
Eines Herzschlags Zeit sah ich die Spuren,
Die ihr Funken in mein Dunkel glüht,

Eines Herzschlags Zeit wohl fühlt ich Dauer
In der Flucht, die euch ins Leere treibt,
Morgenseligkeit und Abendtrauer
Hin durch mich gespielt und leicht versprüht,
Was von eurem lichten Schwinden bleibt,
Eines Herzschlags Zeit sah ich die Spuren –

Fremd (und noch im Fremdesten mir gleich)
Bringt euch eine uferlose Flut,
Hin durch mich gespielt und leicht versprüht,
Und das spendende, das warme Reich
Holt den Träumenden in seine Hut,
Holt den Wunsch, dem nun Erfüllung blüht,
Eines Herzschlags Zeit . . .

Beute des Wunsches

Schlaf, Versucher, überfällt
Blindlings, was die Tage hielten,
Eine bildgefügte Welt,
Deren Zeichen uns umspielten.

Alle Schöpfung wendet sich
Weg zu Meeren, die verschlingen –
Doch erschaudernd fühle ich
Fernen Willen mich durchdringen.

In mir hebts zu kreisen an,
Sonnen sprühen auf und tönen,
Ein vermeßner Weltenplan
Ordnet sich nach meinem Sehnen.

Alle Engel, die ich schuf,
Sind in mir und ich in allen,
Lauschen wortlos auf den Ruf,
Der den Einen bringt zum Fallen.

Schneeglocken

Du kühler Klang, unhörbar, früher Schein,
Wie sichtbar tief im Fell des Tiefverhaßten!
Vom Stillgesang im Tag, den sie nicht faßten,
Mein Herz und Haupt, begrüßt, du sein und mein,
Ich Winter und voll Schnee, voll grauen Lasten,
Vergessend, wie uns Kelch und Stengel treiben
Und rein umfaltet leises Funkengold
Wie's von der Sonne sprang mit Klang und Schlag,
Nun ruhig ruht, ins Blinde eingerollt,
Und will Gesang vom Licht und will den Tag –
Sei still! Sei gut! Du, Winter, magst noch bleiben,
Du milder Sterbender, bei uns, auch du –:
Unhörbar Glockenklang, unsichtbar Licht,
Beim Liebenden, der mit der Blume spricht,
Wie leis! Wie trostlos hoffend immerzu ...

ALEXANDER LERNET-HOLENIA

Aus »Der Dreikönigszug«

[Tiraden]

Abends reiten die Könige über das Eis, Majestäten!
Fischer zeigen mit Windlichtern den Weg, wo er geht.
In Geschirren aus Sammet und läutenden Panzerketten
gehn die Hengste voll Angst, ganz verschneit und verweht.
Aus den offenen Stellen ist schwarzes Wasser getreten
unter der dröhnenden Last und dem Eisengerät.
Von den Gefolgen dahinten kommt ununterbrochenes Beten,
wo es im Finstern von Frost, Rauchdampf und Fahnen weht.

Zwei Dreikönige ziehn auf farbenverwechselten Pferden:
einer auf einem Schwarzbraun ist so weiß, Majestät,
wie der silberne Mond, und auf silbernem Pferd der Gefährte,
der ist glänzend und braunschwarz wie die Nacht, Majestät,

und der Uralte in Spitzen und Zobel im Fond der Kalesche
reist wie ein Bündel mit, krank und zum Weinen schwach;
mit einer schwankenden Platte voll Ambra und Eberesche
steht ein Bedienter am Schlag, tröstet und rüttelt ihn wach.
An die Stangen gehängt wie nasse klatschende Wäsche,
schaukeln im nächtlichen Schnee seine Standarten ihm nach.

Über den Röcken aus Golddraht und aus zerfallener Serer-
seide, in Fetzen, um die längst der Winterwind stritt,
haben die adligen Suiten ihr Zeug und Seitengewehre,
Kürbisflaschen und Eßschalen wie Bettler mit.
Betend hängen sie über den hohen Pack auf den schweren
Pferden, und wie wenn ein Lufthauch in ein Kornfeld glitt,
hochauf wogen im Finsteren die kannelierten Speere,
schüttern auch silberne Heerpauken im Königsritt.

. . . .

Wo die Scholl'n aber übereinandergehn, als besprängen
sie sich auf einer Eishochzeit mitten im Weg,
und das unheimliche Wasser daneben heraustritt, so hängen
Bretter über den Riß, von den Fischern gelegt.
Einzeln führen die Suiten zu Fuß die Pferde an, drängen
sie und schmeicheln und schrein, locken sie vor auf den Steg.
Unterm Gewicht der Kürasse auf schaukelnden Über-gängen
springen sie endlich entsetzt wie über Tote hinweg.

Weil das nicht bloß das wachsende Eis sein kann, das in Nöten
jammert und zahnt wie ein Kind, kommen die Leute gerannt,
stehen im Markt am Gestade und lauschen hinaus in die Röte:
Nebel sind überm See rosa wie Rosen in Brand.
Ungeheuere Pracht kommt aus den Ufern getreten,
Kronenhelme und Licht, Steine und Scharlachgewand!

Zwischen den Fischnetzen und den aufs Trockene
gezogenen Böten
klettern die riesigen Streitrosse wie Katzen aufs Land.

Alle reißen im Ort das Maul auf und starrn auf den
Kaffern,
wie er die Augen rollt, wie seine Nüstern blähn.
Weiber verschaun sich an ihm und waren doch sonst von
den bravern,
und wie die Spieße sich aufreihn, und in klirrenden
Eiskuvertüren die Kleven, so hat auch schon von den
Gaffern
einer den Fürsten erzählt, dies sei Bethlehem!

. . . .

La chasse à force de chiens courants

Einmal, da werden,
die über das Wild die Gewalt
hatten auf Erden,
– färbt sich wieder der Wald
gelber und gelber –
selbst den Hunden zum Raub
fallen, und selber
liegen auf blutigem Laub.

Einmal, da werden,
in den langen Alleen,
sie vor den Pferden
selber im Läuten gehn,
rennen und rasen,
bis die Jagenden sie
sehen, da blasen
ihre Piqueure: La Vue!

Keuchender Meute
werfen die Jäger dann ihr
Recht am Gescheide
zu von jeglichem Tier.
Unter den Bäumen
raufen die Hunde im Zorn.
In ihren Träumen
geistert noch lange das Horn.

CARL ZUCKMAYER

Cognac im Frühling

Ich bin im braunen Cognac-See ertrunken.
Sechs Monde schwimmt mein Leichnam wie ein Fisch,
Mit weißem Bauch noch unverwest und frisch,
Ein Freund der bittren Angostura-Unken.

Ich ward geländet, bin ins Grab gesunken,
Im Wurzelreich ein trunkner Frühlingsgast,
Mein Hügel grünt im Schatten der Spelunken,
Aus meinem Herzen wächst der Seidelbast.

Du roter Strom Burgunds, aus allen Poren
Sproßt mir der wilde Rebstock ohne Rast,
Das Senfkorn keimt versteckt in meinen Ohren,
Aus meinem Herzen wächst der Seidelbast.

Der Augen Blau ist längst zu Anemonen,
Der Haare Schwarz zu Büffelgras verblaßt,
In meinem Magen mag der Maulwurf wohnen,
Aus meinem Herzen wächst der Seidelbast.

Tief aus der Erde schallt betrunknes Lallen
Der Würmer, die an meinem Leib gepraßt,
All meine Knochen sind zu Staub zerfallen,
Aus meinem Herzen wächst der Seidelbast.

Elegie von Abschied und Wiederkehr

geschrieben in Amerika, Herbst 1939

Ich weiß, ich werde alles wiedersehn,
Und es wird alles ganz verwandelt sein.
Ich werde durch erloschne Städte gehn,
Darin kein Stein mehr auf dem andern Stein –
Und selbst wo noch die alten Steine stehen,
Sind es nicht mehr die altvertrauten Gassen –
Ich weiß, ich werde alles wiedersehen
Und nichts mehr finden, was ich einst verlassen.

Der breite Strom wird noch zum Abend gleiten.
Auch wird der Wind noch durch die Weiden gehn,
Die unberührt in sinkenden Gezeiten
Die stumme Totenwacht am Ufer stehn.
Ein Schatten wird an unsrer Seite schreiten
Und tiefste Nacht um unsre Schläfen wehn –
Dann mag erschauernd in den Morgen reiten,
Wer lebend schon sein eignes Grab gesehn.

Ich weiß, ich werde zögernd wiederkehren,
Wenn kein Verlangen mehr die Schritte treibt.
Entseelt ist unsres Herzens Heimbegehren,
Und was wir brennend suchten, liegt entleibt.
Leid wird zu Flammen, die sich selbst verzehren,
Und nur ein kühler Flug von Asche bleibt –
Bis die Erinnrung über dunklen Meeren
Ihr ewig Zeichen in den Himmel schreibt.

MANFRED HAUSMANN

Vollmond über einem Bauerngarten

Das Stachelbeergebüsch, an seinem Stab sich neigend,
gekühlt vom Mond und von den Sternen allen,
stellt seine Zweige so kristallen
auf den geharkten Grund
und reift und füllt sich schweigend.

Die Beeren hängen gläsern da, und von den Beeren hängen
Tautropfen nieder aus gedämpftem Licht.
Und Kaprifolien, die sich aneinanderdrängen,
erschauern in der Nässe, und
im Schlafe halb begreifen sie das Kühle nicht.

Daneben auf dem runden Beet
liegt Heliotrop und löst sich auf,
und ein Geruch von altem Honig geht
im ganzen Rund
aus seinem Tod entsetzlich süß herauf.

Traumboot

Wir befanden uns, so träumt ich, wieder,
du und ich, in dem bekränzten Boot.
Und wir blickten bebend vor uns nieder,
denn wir wußten, höben wir die Lider,
so bedeutete es unsern Tod.

Schon verschob der Bug sich um ein kleines,
Taue senkten sich in leiser Hast,
Schleiersegel von der Farbe eines
längst erloschnen, dunkelroten Weines
stiegen auf und hingen um den Mast.

Und ein Windhauch kam wie das Geschehen
einer zarten trunknen Traurigkeit,
und die Segel füllten sich mit Wehen,
und wir wagten es, uns anzusehen,
und das Boot glitt langsam aus der Zeit.

BERTOLT BRECHT

Erinnerung an die Marie A.

An jenem Tag im blauen Mond September
Still unter einem jungen Pflaumenbaum
Da hielt ich sie, die stille bleiche Liebe
In meinem Arm wie einen holden Traum.
Und über uns im schönen Sommerhimmel
War eine Wolke, die ich lange sah
Sie war sehr weiß und ungeheuer oben
Und als ich aufsah, war sie nimmer da.

Seit jenem Tag sind viele, viele Monde
Geschwommen still hinunter und vorbei
Die Pflaumenbäume sind wohl abgehauen
Und fragst du mich, was mit der Liebe sei?
So sag ich dir: Ich kann mich nicht erinnern.
Und doch, gewiß, ich weiß schon, was du meinst
Doch ihr Gesicht, das weiß ich wirklich nimmer
Ich weiß nur mehr: Ich küßte es dereinst.

Und auch den Kuß, ich hätt ihn längst vergessen
Wenn nicht die Wolke dagewesen wär
Die weiß ich noch und werd ich immer wissen
Sie war sehr weiß und kam von oben her.

Die Pflaumenbäume blühn vielleicht noch immer
Und jene Frau hat jetzt vielleicht das siebte Kind
Doch jene Wolke blühte nur Minuten
Und als ich aufsah, schwand sie schon im Wind.

Legende von der Entstehung des Buches Taoteking auf dem Weg des Laotse in die Emigration

Als er Siebzig war und war gebrechlich
Drängte es den Lehrer doch nach Ruh.
Denn die Güte war im Lande wieder einmal schwächlich
Und die Bosheit nahm an Kräften wieder einmal zu.
Und er gürtete den Schuh.

Und er packte ein, was er so brauchte:
Wenig, doch es wurde dies und das.
So die Pfeife, die er immer abends rauchte
Und das Büchlein, das er immer las.
Weißbrot nach dem Augenmaß.

Freute sich des Tals noch einmal und vergaß es
Als er ins Gebirg den Weg einschlug.
Und sein Ochse freute sich des frischen Grases
Kauend, während er den Alten trug.
Denn dem ging es schnell genug.

Doch am vierten Tag im Felsgesteine
Hat ein Zöllner ihm den Weg verwehrt:
»Kostbarkeiten zu verzollen?« – »Keine«.
Und der Knabe, der den Ochsen führte
  sprach: »Er hat gelehrt.«
Und so war auch das erklärt.

Doch der Mann in einer heitren Regung
Fragte noch: »Hat er was rausgekriegt?«

Sprach der Knabe: »Daß das weiche Wasser in Bewegung
Mit der Zeit den mächtigen Stein besiegt.
Du verstehst, das Harte unterliegt.«

Daß er nicht das letzte Tageslicht verlöre
Trieb der Knabe nun den Ochsen an.
Und die drei verschwanden schon um eine schwarze
Föhre
Da kam plötzlich Fahrt in unsern Mann
Und er schrie: »He, du! Halt an!

Was ist das mit diesem Wasser, Alter?«
Hielt der Alte: »Interessiert es dich?«
Sprach der Mann: »Ich bin nur Zollverwalter
Doch wer wen besiegt, das interessiert auch mich.
Wenn du's weißt, dann sprich!

Schreib mir's auf! Diktier es diesem Kinde!
Sowas nimmt man doch nicht mit sich fort.
Da gibts doch Papier bei uns und Tinte
Und ein Nachtmahl gibt es auch: ich wohne dort.
Nun, ist das ein Wort?«

Über seine Schulter sah der Alte
Auf den Mann: Flickjoppe. Keine Schuh.
Und die Stirne eine einzige Falte.
Ach, kein Sieger trat da auf ihn zu.
Und er murmelte: »Auch du?«

Eine höfliche Bitte abzuschlagen
War der Alte, wie es schien, zu alt.
Denn er sagte laut: »Die etwas fragen
Die verdienen Antwort.« Sprach der Knabe: »Es wird
auch schon kalt.«
»Gut, ein kleiner Aufenthalt.«

Und von seinem Ochsen stieg der Weise.
Sieben Tage schrieben sie zu zweit.
Und der Zöllner brachte Essen (und er fluchte nur noch
leise
Mit den Schmugglern in der ganzen Zeit).
Und dann wars soweit.

Und dem Zöllner händigte der Knabe
Eines Morgens einundachtzig Sprüche ein.
Und mit Dank für eine kleine Reisegabe
Bogen sie um jene Föhre ins Gestein.
Sagt jetzt: kann man höflicher sein?

Aber rühmen wir nicht nur den Weisen
Dessen Name auf dem Buche prangt!
Denn man muß dem Weisen seine Weisheit erst entreißen.
Darum sei der Zöllner auch bedankt:
Er hat sie ihm abverlangt.

Der Blumengarten

Am See, tief zwischen Tann und Silberpappel
Beschirmt von Mauer und Gesträuch ein Garten
So weise angelegt mit monatlichen Blumen
Daß er vom März bis zum Oktober blüht.

Hier in der Früh, nicht allzu häufig, sitz ich
Und wünsche mir, auch ich mög allezeit
In den verschiedenen Wettern, guten, schlechten
Dies oder jenes Angenehme zeigen.

Rudern, Gespräche

Es ist Abend. Vorbei gleiten
Zwei Faltboote, darinnen
Zwei nackte junge Männer. Nebeneinander rudernd
Sprechen sie. Sprechend
Rudern sie nebeneinander.

FRIEDRICH GEORG JÜNGER

An den Wein

Als ich den Becher ergriff und vom Weine trank, da erschrak ich,
Unterirdische Glut rann aus dem funkelnden Kelch.
Singend ehrt ich den Wein, ich erhob im freien Gesang ihn,
Seiner geheimeren Kraft rief ich verehrungsvoll zu:
Wie der Stier erhebst du das Haupt, rot rollet das Aug dir,
Adern strömenden Bluts schwellen dir purpurn herauf.
Ja, nicht reifte das Licht allein dich. Du senktest ins Feuer,
Das in der Erde brennt, tief deine Wurzeln hinab.
Zwiefach entzündest die Brust du, doppeltes Feuer ergießt sich
Mit des Urworts Gewalt wild in des Nüchternen Sinn.

Wintermorgen

Wie silbernes Geschirr sich stößt, so klingen
Der Mädchen Stimmen vom gefrornen See.
Ich sehe, wie sie sich im Eislauf schwingen.
Ich schüttle mich. Es stäubt vom Pelz der Schnee.

Vermummt im Fuchsfell wiegen sich die schlanken,
Anmutigen Gestalten leicht wie Feen,
Mit Schuhn von Stahl, die auf dem weiten, blanken
Teller von Eis sich unermüdlich drehn.

Der Atem fährt als Rauch von meinem Munde.
Die Luft trägt weit. Die Erde widerhallt.
Elisens Lachen tönt wie eine runde
Glocke von Silber durch den weißen Wald.

Die Schlange

Deine Schlange ist bei dir,
Die stille, die stumme,
Die alle Kammern des Hauses kennt,
Deine Schlange ist bei dir.

Kehre wieder, was mag,
Die dich hütet im Umlauf,
Deine unverletzliche Wächterin wacht,
Deine Schlange ist bei dir.
Gib ihr zu trinken!

Vergiß nicht die Schüssel!
Fülle die Schale mit Wein und mit Milch,
Und laß sie dann trinken.
Deine Schlange ist bei dir.

Fliegenpilze

Im Birkenwald
Rieselt der Wind und rinnt leis
Durch herzförmiges Laub.
Die Stämme leuchten schneeweiß.

Aus dem Gras
Sprießt ein Zauber-Ei,
Rundet sich rot, fleckt sich weiß
Und springt entzwei.

Eine Hexe wünscht ich mir,
Vierzehn Jahre alt.
Ich ritte mit ihr
Durch den Fliegenpilzwald.

Mit Salben gesalbt, fliegt
Wie die Schwalbe sie schnell
Durch den grünen Wald.
Zarte Haut, glattes Fell.

Was mit Zauberkraft
Sie leise berührt,
Verliert sein Gewicht und wird
In die Lüfte entführt.

Stock, Stiel oder Bank,
Es ist gleich. Sie hebt, hebt
Rund und zart den Leib.
Sanft fliegt sie und schwebt.

Ich merks, der Wald ist verhext.
Wer vom Fliegenpilz ißt,
Der wird verrückt, der tanzt,
Singt, fliegt und vergißt.

ERICH KÄSTNER

Ein Hund hält Reden

Ich hab im Traum mit einem Hund gesprochen.
Erst sprach er spanisch. Denn dort war er her.
Weil ich ihn nicht verstand – das merkte er –,
sprach er dann deutsch, wenn auch etwas gebrochen.

Er sah mich ganz entsetzt die Hände falten
und sagte freundlich: »Kästner, wissen Sie,
warum die Tiere ihre Schnauze halten?«
Ich schwieg. Und war verlegen wie noch nie.

Der Hund sprach durch die Nase und fuhr fort:
»Wir können sprechen. Doch wir tun es nicht.
Und wer, außer im Traum, mit Menschen spricht,
den fressen wir nach seinem ersten Wort.«

Ich fragte ihn natürlich nach dem Grund.
(Ich glaube nichts, was man mir nicht erklärt.)
Da sagte mir denn der geträumte Hund:
»Das ist doch klar! Der Mensch ist es nicht wert,
daß man gesellschaftlich mit ihm verkehrt.«

Er hob sein Bein, sprang flink durch krumme Gassen . . .
Und so etwas muß man sich sagen lassen!

MARIE LUISE KASCHNITZ

Rückkehr nach Frankfurt

III

Das wußte ich nicht, wie bald
Ruinen verwittern,
Wie sie, noch eh die Gestalt
Vergessen ist und die Namen
Ausgelöscht, sich besamen,
Wie die Gräser wehen und zittern
Über dem Bogen und drin
Zinnkraut und blühende Halme
Stehn wie am Urbeginn.
Und wie schnell das alles verschwunden,
Verrottet, verfilzt, verweht,
Was der Mensch erfunden,
Mittel und Gerät,
Und wie gleich dem Moos der Äste,
Verklammert und verpecht,
Hängen im Leeren die Reste
Von Stiege und Drahtgeflecht,
Und wie am Abend, lange
Nachdem schon das Licht verglüht,
Die Ziegelwand über dem Hange
Wie Rosen blüht.

XII

Wenn ich, denkt das Mädchen, es verstände
Keine dieser zarten Schattenhände
Der Kastanien auf dem Pflastersteine
Zu betreten (oder beinah keine) –

Wenn ich, denkt der Mann, die Bahn erreiche,
Wenn es keinen Halt gibt bei der Weiche,
Wenn der Polizist die Zeichen achtet
Und die Straße freizugeben trachtet –

Kreuzte, denkt das Mädchen, vor dem dritten
Baume keine Nonne meine Schritte,
Und nicht mehr als zweimal kleine Knaben,
Die ein Spielzeug in den Händen haben,
Ach, dann werden wir uns wiedersehn –

Wird nicht, denkt der Mann, der Strom versagen,
Wird den Fahrer nicht der Blitz erschlagen
Und der Wagen nicht in Trümmer gehen,
Ja, dann werden wir uns wiedersehen!

Und das Mädchen muß noch oft erschauern,
Und dem Manne will es ewig dauern,
Bis sie unter den Kastanienzweigen
Lächelnd Aug in Auge stehn und schweigen.

Vater Feuerwerker

Zucker und Honig in Deinen Brei
Die Erde Dein Gärtchen Levkoi und Salbei
Deine Wangen Milch Deine Lippen Blut
Frag nicht, was Dein Vater tut
Nachts wenn Du schläfst.

Er rührt im Tiegel
Hinter Schloß und Riegel
Aus Pulver und Blei
Einen anderen Brei.

Er sät im Dorn
Ein anderes Korn

Das wühlt und bebt
Und schießt gen Himmel in Garben.

Wohl denen die gelebt
Ehe sie starben.

HEINZ POLITZER

Regenlied

O fallende Himmel, o hallende Winde
Im Flur und im Spinde durchs schlafende Haus!
Es klopft in die Traufen und tropft durch die Fugen,
Nachtgeister lugen aus Ratte und Maus.

So wähnen die Götter, mit Tränen die kühnen
Brauträube zu sühnen, uralt wie das Meer.
Sie waschen das Erdreich in raschem Erscheinen
Und sind doch im Weinen Götter nicht mehr.

Weh regt sich der Regen, da legt sich im Zimmer
Die Hand in den Schimmer der freundlichen Hand.
Die Klagen verstummen, da schlagen die Flammen
Der Leiber zusammen, der Sturm jagt das Land.

Und rufen uns Schritte die Stufen bald munter
Des Morgens hinunter, war alles nur Tau.
Ein Reis ist entsprungen. Im Kreis hebt der Flieder
Sein Strahlengefieder ins strahlende Blau.

HEINZ POLITZER

Die gläserne Kathedrale

Überm Brachfeld, wo die Wagen rosten,
Leerer Halm im seichten Märzwind schwankt,
Um den Phosphor der verwesten Pfosten
Sich das Unkraut des Vergessens rankt,

Ragt aus klarem Glas die Kathedrale,
Spiegelblau aus Helle unvermengt,
Und die Orgel dröhnt wie eine Schale,
Die den Schall der Firmamente fängt.

Bebend strahlt das Chor und der Apsiden
Strebepfeilig gläsernes Gebälk
Regenbogen wider, Wolkenfrieden,
Ewig fließend, aber niemals welk.

Über den kristallenen Gevierten
Dornbekränzt und aufgetanen Blicks
Fährt der Hirte über allen Hirten
Löwenhaften Flugs der Crucifix.

Wasserspeier, heilige Turmfiguren
Knien im Faltenwurfe seines Scheins,
Und die Glocken schlagen und die Uhren
All das All in endlos einmal Eins.

Sieh den Vorhof! Hör die hohen Rufe!
Bald, und die Portale klirren zu.
Doch die tiefste glasgeblasne Stufe
Schwebt ein Fußbreit über deinem Schuh.

REINHOLD SCHNEIDER

Allein den Betern kann es noch gelingen,
Das Schwert ob unsern Häuptern aufzuhalten
Und diese Welt den richtenden Gewalten
Durch ein geheiligt Leben abzuringen.

Denn Täter werden nie den Himmel zwingen:
Was sie vereinen, wird sich wieder spalten,
Was sie erneuern über Nacht veralten,
Und was sie stiften Not und Unheil bringen.

Jetzt ist die Zeit, da sich das Heil verbirgt,
Und Menschenhochmut auf dem Markte feiert,
Indes im Dom die Beter sich verhüllen.

Bis Gott aus unsern Opfern Segen wirkt,
Und in den Tiefen, die kein Aug entschleiert,
Die trocknen Brunnen sich mit Leben füllen.

Müßt ich den Tod nicht schauen, hielt ein Traum
Von Macht und Größe meine Stirn umfangen,
Säh ich der Erde Reiche vor Dir prangen,
Beherrschter Meere glanzverhüllten Saum,

Und böt ich Dir verruchter Worte Schaum:
Du würdest fest an meinen Lippen hangen;
Doch ist die Wahrheit durch mein Herz gegangen,
Die herrlich niederstieg in Zeit und Raum.

Dies ist mein Schicksal, daß von Deinem Ende
Mein Mund die leidzerstörten Worte spricht,
Daß mir die Seele bebt vom Untergang.

In Todesbangen hebe ich die Hände,
Da schon der Himmel glüht, das Schwert zerbricht,
Und im Gebet verstummt mir der Gesang.

MARTIN KESSEL

Koloraturen

Perlend höhere, perlend heitere
und mit einem Sprung in Weitere
Arien sich mein Herz erwähle!
Daß ich glitzere, euch befeuere,
girlandesk drin abenteuere,
daß der Welt ich mich vermähle.

Lieber prall ich, und ich trällere,
wirble durch die Luft, die hellere,
statt ich grolle oder hadere.
Ei, warum? Wer spielt die Sauere?
Klettr' ich, wettr' ich durchs noch Blauere,
statt daß ich herumsalbadere.

Gurgelnd vollere, wonnig tollere,
ach, ihr Freunde, ich durchkollere
Skalen silbrig höchsten Ranges.
Jubelnd freiere, seis vermessene,
auf zu euch ins Selbstvergessene,
Gipfel tanz ich des Gesanges.

Der folgsame Heini

Da nahm ich meinen Becher
und warf ihn in die Flut.
Da hatt ich keinen Becher mehr,
sie sagten, so wärs gut.

Da ließ ich meine Liebe
und machte alles schlecht.

Da hatt ich nichts zu lieben mehr,
sie sagten, so wärs recht.

Da trollt ich mich nach Hause
und schlug dort alles klein.
Da hatt ich auch kein Obdach mehr,
sie sagten, so wärs fein.

Da soff ich sechzehn Pullen,
neugierig, was geschah.
Da war ich kaum zu halten mehr,
da riefen sie: hurra!

Da griff ich zum Revolver,
da hats denn auch gekracht.
Da war ich tot. Da sagten sie:
Wer hätte das gedacht!

THEODOR KRAMER

Wenn ein Pfründner einmal Wein will

Wenn ein Pfründner einmal Wein will,
sucht er im Gemeindehaus
eine Harke, eine Schlinge,
und dazu noch eine Schwinge,
geht er auf den Anger aus.

Wo die Erde fett und frisch ist,
gräbt er schwarz dem Maulwurf nach.
Raben krächzen in den Kolken,
leise ziehen weiße Wolken
und die Gräser gilben brach.

Alle Gänge hebt der Pfründner
gründlich aus, die Zunge dick,
faßt die samtnen bei den Fellen,
schlägt die traurigen Gesellen
mit dem Schaft in das Genick.

Mittags mißt der Armenvater
ihm den Trunk zu trübem Rausch.
Faulig schmeckt der Wein, die Krallen
rosenroter Zehenballen
wachsen zart in seinen Rausch.

Der Dornenwald

Es zog ein Dornenwald sich eben
vor Olyka zerklüftet hin;
noch rosten Saum an Saum die Gräben,
die sich beschossen über ihn.
Wie die Granaten hoch sie streckten,
stehn noch die Wurzelstrünke da;
grün ranken sich die Brombeerhecken
im Dornenwald vor Olyka.

Die Äste stehn zu Lehm gebacken,
die Ruten treiben frisch und kraus;
sie kommen aus dem Dorf und hacken
die Knochen samt den Knöpfen aus.
Die Kinder sammeln sie in Säcken,
des Messings Glanz geht ihnen nah;
grün ranken sich die Brombeerhecken
im Dornenwald vor Olyka.

Im Sand verbiegen sich die Spaten,
noch gehn die blinden Zünder los;
wir träumen, Kamerad, und waten
bis zu den Knöcheln tief im Moos.

Der Rasen nicht, die Lüfte decken
für uns mit Taubheit, was geschah;
grün ranken sich die Brombeerhecken
im Dornenwald vor Olyka.

ELISABETH LANGGÄSSER

Ostermontag

Aus verzückten Fluten hob sich
Von befreitem Licht erhellt,
Wie die Arche aus den Wassern,
Eine makellose Welt.

Selig knien in Umarmung,
Menschheit ahnend, Mann und Weib,
Denn in reinre Form verwandelt
Ward des Sohns erstandner Leib.

Jahwe trat die Bundeskelter,
Niederbrach des *Blutes* Saft,
Und wir glühen, uns ertastend,
In des *Geistes* Bindekraft.

Unerhörter Sammlung wartet
Sich verklärend alles Fleisch,
Und aus Zeit- und Raumesgrenzen
Dehnt sich das verheißne Reich.

Heimkehr

Ein jeder Stein wird endlich wieder Erde,
Schoß und Gefährte
Von Trespe und Korn.
Er stürzt vom Sims, zerstäubt am Fuß der Jahre,
Fühlt Wurzeln, taut und sieht zur Nacht das klare,
Verjüngte Horn.

Noch trägt er nichts als kleine Mäusegerste,
Beifuß und erste
Verlorene Saat.
Dann bricht er auf und trinkt am Wolkeneuter,
Wird schwer, verwächst und quillt vom Duft der Kräuter
Am Herdenpfad.

Ein Widder kommt, gefolgt von Muttertieren.
Wollige führen
Die Lämmer hinaus.
Der Steinbock naht, der Tag und Nacht vereinigt,
Zuletzt kommt Io, länger nicht gepeinigt,
Und ruht sich aus.

Weges Ende

Wir fühlen schon:
Es läßt die Zeugung nach,
Der Kampf läßt nach in Göttern und Titanen.
Dem Erdensohn
Verrät die Mutter schwach
Das Blutgeheimnis königlicher Ahnen.

Er züchtet still
Die Pflaume ohne Kern,
Entwindet sanft der Rose ihre Waffen:

Geliebt sein will
Natur von ihrem Herrn
Und bittet, sie zum Garten umzuschaffen.

Sie kennt sich nicht
Und ihre Grausamkeit,
Für die er Fleisch und Fülle eingehandelt –
Sein Herz erlischt,
Wenn er die Frucht entzweit,
Und, überwältigt, hat sie ihn verwandelt.

Vorfrühlingswald

Schatten wie Hunde im grauen Gewaid,
Schwarzdorn, beflockt von der Häsinnen Kleid.
Sterne, wie milchig. Von Starre erlöst.
Leben, wer lebt dich? Wer ists, der dich west?

Murmelnde Munde. Es steigt und verrinnt.
Surren und Sausen. Die Uralte spinnt.
Windgepeitscht, wirrt sich das Schlafgarn vom Strauch –
Hört sie ihn ächzen? Und hört sie sich auch?

Grundwässer quillen. Geheimes Gefühl
Zittert und zuckt durch der Erde Gestühl.
Yggdrasils Härte, sie harzte und schmolz,
Und eine Gottheit wird hangen am Holz.

HORST LANGE

Loblied auf das Vergängliche

Dem dunklen Schoß entnommen
Wie harter Kern der süßen Frucht,
So tritt er vor, muß nah beim Sterben stehn –
Er sieht die Götter kommen,
Gleich schweren Wolken auf der Flucht,
Zerstäuben und in Nichts vergehn.

Ob seinem Haupte fahren
Die Sterne rund auf ihrem alten Gleise,
In seinem Blicke weht es unten grau und blind,
Und in den wen'gen Jahren
Erfüllen sich in ihrem Kreise
Gesetze, die geschrieben sind.

Es sollen Sommer blühen,
Das grüne Blut der Pflanzen steigt,
Die Furchen öffnen sich, und Duft und Same treibt,
Doch selbst der Erde Mühen
Und alles Blühn, das zeugt und schweigt,
Bringt nichts hervor, was bei ihm bleibt.

Denn jedes neue Leben
Zehrt anfangs schon vom fremden Tod –
Er nimmt aus seiner Mutter kühlen Händen,
Die sich im Grase heben,
Sein Wachstum sich, sein Fleisch und Brot,
Um seine Herkunft zu vollenden.

Gesang hinter den Zäunen

Töne mir wieder du Stimme, die ich solange entbehrte!
Dort, wo das Unkraut steht, sangst du dich einstmals
empor;
Als ich ein Knabe noch war und der Tod mir Gefährte,
Hörte ich dich hinter triefenden Weiden und raschelndem
Rohr.
Feindlich der Himmel, indem er dir lauschte und sich
dann mit krächzenden Vogelgeschwadern bekränzte.
Über der schwärzlichen Erde, auf welcher der Angst-
schweiß glänzte.

Unablässig fiel Regen, hell in fünffingrigen Blättern lagen
die Tropfen,
Schwer schon vor Schlaf schloß sich des Abends durch-
sichtiges Augenlid,
Und ich vernahm die Nässe, den Takt dir auf Steine und
Wurzeln klopfen,
Du hinfällige Stimme, die immer noch süß und ohne
Vergängnis mir blüht.
Bäume beweinten sich, weil sie mit grünem Holz dem
Gesange nicht widerklingen konnten,
Aufstieg er einsam, hinwehend zu anderen Horizonten.

Kein Wort empfing ich, sah auch nicht der Lippe melo-
dischen Bogen,
Und eine bleiche Kehle, vibrierend über dem klagenden
Lied,
Inständig hallte es fort – ward mir gegeben und wieder
entzogen,
Kärgliche Jahre taten sich auf, da stets in die Dämmrung
es flieht.
Wo ich auch suchte, im Regen gehend, auf Ödnissen hin,
durch die zähen und holzigen Ranken,

Schwieg es, während die Firmamente im Dunkel
ertranken.

Manchmal glaubte ich wohl, das Verstummen in Händen
zu halten:
Eine spiralige Winde, vom schwindenden Tage leicht
zugedreht,
Innen war das Geheimnis ein Duft, bald mußte sichs
wieder entfalten;
Aber es welkte im fauligen Luftzug, der matt von den
Gräbern hergeht.
Ferne, fast schon unkenntlich, lächelt mir noch das
Gesicht, dessen Mund wie mit Mückenflug tönt –
Gib es mir wieder zurück, dein Lied, daß sein Gefieder
sich auftut und orgelnd erdröhnt!

Attischer Mond

Attischer Mond – die Stelen
Bezeugen den vielfachen Tod,
Ölbäume, Wein, Asphodelen,
Männer, vom Schierling bedroht.
Tücke und List der Tyrannen,
Lüge und Meuchelmord,
Alles schwindet von dannen
Und zeugt sich nicht fort.

Attischer Mond – in die Röte
Der brennenden Städte getaucht,
Das Jammern verstummt, doch die Flöte
Hat ihr Loblied zu uns gehaucht.
Wirrnis begleitet die Zeiten –
Ach, ein verschollnes Gedicht
Kann uns noch Tröstung bereiten
Und den andern das Scherbengericht.

PETER HUCHEL

Die Magd

Wenn laut die schwarzen Hähne krähn,
vom Dorf her Rauch und Klöppel wehn,
rauscht ins Geläut rehbraun der Wald,
ruft mich die Magd, die Vesper hallt.

Klaubholz hat sie im Wald geknackt,
die Kiepe mit Kienzapf gepackt.
Sie hockt mich auf und schürzt sich kurz,
schwankt barfuß durch den Stoppelsturz.

Im Acker knarrt die späte Fuhr.
Die Nacht pecht schwarz die Wagenspur.
Die Geiß, die zottig mit uns streift,
im Bärlapp voll die Zitze schleift.

Ein Nußblatt wegs die Magd zerreibt,
daß grün der Duft im Haar mir bleibt.
Riedgras saust grau, Beifuß und Kolk.
Im Dorf kräht müd das Hühnervolk.

Schon klinkt sie auf das dunkle Tor.
Wir tappen in die Kammer vor,
wo mir die Magd, eh sie sich labt,
das Brot brockt und den Apfel schabt.

Ich frier, nimm mich ins Schultertuch.
Warm schlaf ich da im Milchgeruch.
Die Magd ist mehr als Mutter noch.
Sie kocht mir Brei im Kachelloch.

Wenn sie mich kämmt, den Brei durchsiebt,
die Kruke heiß ins Bett mir schiebt,
schlägt laut mein Herz und ist bewohnt
ganz von der Magd im vollen Mond.

Sie wärmt mein Hemd, küßt mein Gesicht
und strickt weiß im Petroleumlicht.
Ihr Strickzeug klirrt und blitzt dabei,
sie murmelt leis Wahrsagerei.

Im Stroh die schwarzen Hähne krähn.
Im Tischkreis Salz und Brot verwehn.
Der Docht verraucht, die Uhr schlägt alt.
Und rehbraun rauscht im Schlaf der Wald.

Die dritte Nacht April

Der Havel das Eis, den Kröten den Mund
öffnet April.
Der Himmel war vom Schnee noch wund,
ich kam auf die Welt, es regnete still
in der dritten Nacht April.

Die Milch der Mutter schmeckte gut.
Der Birkbusch wuchs, ich blieb nicht jung.
Die Nacht verdunkelte mein Blut,
der Augen braune Dämmerung.

Der Schatten meines Herzens steht
im kalten Schatten vom April,
dem feldernden, der Lerchen weht,
und in den Bäumen leben will.

Die Schwalbe

Weißbrüstige Schwalbe,
dein Schnabel ritzt
das grau sich kräuselnde Wasser
an Schilf und Toten vorbei
im gleitenden Flug.

Ich hörte den windschnellen Schrei
und sah dich aus lehmigem Loch,
hinter klagendem Draht, entwurzelten Weiden,
wo es verwest und brandig roch.

Zwischen den beiden
Sicheln des Mondes wurde ich alt
wie der blutgetränkte Fluß voll treibender Leichen,
wie der aschig trauernde Wald.

GÜNTER EICH

Der Anfang kühlerer Tage

Im Fenster wächst uns klein der Herbst entgegen,
man ist von Fluß und Sternen überschwemmt,
was eben Decke war und Licht, wird Regen
und fällt in uns verzückt und ungehemmt.

Der Mond wird hochgeschwemmt. Im weißen Stiere
und in den Fischen kehrt er ein.
Uns überkommen Wald und Gras und Tiere,
vergeßne Wege münden in uns ein.

Uns trifft die Flut, wir sind uns so entschwunden,
daß alles fraglich wird und voll Gefahr.
Wo strömt es hin? Wenn uns das Boot gefunden,
was war dann Wirklichkeit, was Wind, was Haar?

Blick nach Remagen

Am Nachthimmel ungeheuer
leuchtet der Widerschein
der tausend Lagerfeuer
auf der Steppe am Rhein.

Am zerschoßnen Gemäuer,
weiß ich, grünt wieder der Wein.
Werden mir jünger und neuer
einmal die Stunden sein?

Der nächtlichen Lagerfeuer
mächtiger Widerschein
brennt in die Herzen getreuer
als in den Himmel sich ein.

Bleibt die Flamme mir teuer,
bin ich aus ihr allein,
seis, mich verzehre das Feuer,
seis, es glühe mich rein.

Februar

Vom Wind durch die leeren Straßen getrieben,
an Wirtshaus und Läden vorbei, –
der Schnee hat mir die Wangen gerieben
und riß mir die Haut entzwei.

Auf den blank überwehten Steinen
verwirrte Zeichen, von Asche gestreut.
Mir klingt das Ohr, doch wer kann mich meinen
oder erreicht mich ein Schlittengeläut?

Das pochende Herz oder pochende Hufe, –
da schleifen die Kufen im Wagengleis,
nur als ein Schatten an Gitter und Stufe
inmitten der wehenden Schleier von Eis.

Warst du es Schatten, der meiner gedachte
und im Läuten der Schellen war?
Ach, der mich flüsternd anrief und lachte,
warf er mir Asche auf Brauen und Haar?

Wo ich wohne

Als ich das Fenster öffnete,
schwammen Fische ins Zimmer,
Heringe. Es schien
eben ein Schwarm vorüberzuziehen.
Auch zwischen den Birnbäumen spielten sie.
Die meisten aber
hielten sich noch im Wald,
über den Schonungen und den Kiesgruben.

Sie sind lästig. Lästiger aber sind noch
die Matrosen
(auch höhere Ränge, Steuerleute, Kapitäne),
die vielfach ans offene Fenster kommen
und um Feuer bitten für ihren schlechten Tabak.

Ich will ausziehen.

ODA SCHAEFER

Irdisches Geleit

Alles ist dir verliehen
Für eine flüchtige Zeit,
So wie die Wolken dort ziehen,
Sei du zur Reise bereit.

Eigentum darfst du nicht nennen
Kaum deine eigne Gestalt,
Glaubst du sie endlich zu kennen,
Bist du verändert und alt.

Gib den wartenden andern,
Noch leiden sie mehr als du,
Zum unvergleichlichen Wandern
Brauchst du nur Stab und Schuh.

Äolsharfe

Äolsharfe war ich vordem.

Verfallen dem Winde,
Bebend und klagend
Wie seufzende Türen
In einsam verlassenem Haus,
Klirrend vor Zorn
Im Froste wie Schilfrohr,
Oder sommers ruhend in Leere –
Aber dann trat
Pan, der bräunliche Hirte,
Aus den Gebüschen des Schweigens,
Streifte mit zärtlicher Hand

Im Vorüber die Stumme,
Und ich tönte von neuem,
Zaghaft und wirr noch
Und voll Erinnern
An den schattigen Laubbaum,
Der einst ich gewesen,
Und die Syrinx gab Antwort,
Leise nur, wie ein Hauch von der Echo.

Ach, es vermögen mich nimmer zu rühren
Boreas, der Rauhe aus Norden,
Oder Zephir, die flüsternde Luft –
Davids Hände nur sollen mich spielen,
Wenn die böse Laune des Saul,
Laune der Welt
Aufsteigt düster und schwer
Wie die blaue Wand des Gewitters.
Psalmen werde ich jubeln,
Singen die große,
Die herrliche Schöpfung
Und den erschütternden Namen,
Bis es erzittert, das goldene Holz,
Bis sie zerspringen, die Saiten.

Sanft verhüllt mich,
Die Zerstörte, Erweckte,
Ein Tuch aus Azur.

WERNER ZEMP

Nachklang

Das sind nicht des Sommers Zimbeln.
Ist nicht Joringel, der sang –
Jeder und keiner Stimme
Folgte ich allzulang.

Schimmernde Wolkenbarke,
Schon zerrinnst du hoch oben im Tann –
Besaß je König Marke,
Was Tristan nie gewann?

Und ists nun nicht doch Jorinde,
Ihr unsichtbar flüsternder Mund –
Das Rieseln der Wipfel im Winde,
Die leisen Flammen am Grund?

Winterliche Strophen (IV)

Sieh, Engel, mich in Angst und Schwärze,
Die letzte Brücke hinter mir zerbricht –
Auf meinem Tisch glänzt heimatlos die Kerze,
Im winterlichen Herzen losch dein Licht.

Ich habe nichts denn Schwert und Wort,
Und Steine kann ich nicht in Brot verwandeln,
Das Schwert ist stumpf, das Wort verdorrt,
Doch handelst du in mir, so will ich handeln!

Die Waage schweigt, und du wirfst kein Gewicht;
Sie schweigt und schweigt und wird nicht wanken,
Ich mag genesen und ich mag erkranken,
Du bist bei mir, und, ach, ich faß dich nicht.

Doch sieh, im Hause, drin kein Mensch mehr wacht,
Erwachen meine Brüder, die Gespenster –
Ein Abgeschiedener steht im Fenster
Und hinter ihm die winterliche Nacht.

ALBRECHT GOES

Landschaft der Seele

Kein Himmel. Nur Gewölk ringsum
Schwarzblau und wetterschwer.
Gefahr und Angst. Sag: Angst – wovor?
Gefahr: Und sprich – woher?
Rissig der Weg. Das ganze Feld
Ein golden-goldner Brand.
Mein Herz, die Hungerkrähe, fährt
Kreischend über das Land.

Die Zuversicht

Freilich, das Feld ist zerstampft. Des grimmigen Hagels Gekörne
Schlug vor der Ernte den Halm, gab der Verwesung die Frucht.
Gift auch legte der Feind, der Feind im eigenen Lande.
Fiebernd taumelt ein Schwarm wilder Insekten im Sumpf.
Aber am östlichen Hang, wo eh das Feuer gewütet,
Prangt wie vor Jahren und neu weißen Holunders Geleucht.
Blieb ein einziger Keim. Doch bei dem einzigen Keime
Erd und nährendes Salz, Himmels erquickende Flut
Zuversicht heischend. Und also, mit nicht geringerem Worte
Ruft über Stunde und Tag dich der lebendige Geist.

HANS EGON HOLTHUSEN

Klage um den Bruder (VI)

Ach, Bruder, daß du dich in nichts verkehrst!
Um deinen Leichnam selbst ward ich betrogen,
Dein Anteil an der Erde scheint verflogen,
Es sei denn, daß du noch im Freien wärst.

Daß deiner Füße leichtes Niedersetzen
Noch in den Steppenblumen haften blieb:
Drum sind mir Disteln und Kamillen lieb,
Und Hederich und Schierling will ich schätzen.

Doch nicht in diesen blumenhaften Gesten,
Erst in dem Kreuz aus weißen Birkenästen
Erkenn ich deine eigentlichen Spuren.

Wo sich zwei Hölzer quer zusammenpassen,
In dieser wunderbarsten der Figuren
Will ich mir deinen Tod erklären lassen.

Variation über Zeit und Tod (IV)

Heute noch haben wir Welt vor Augen. Wir haben
Herbst, ein Gären im Blut von verlorner und kommender
Zeit und gelbe Kastanienblätter im Hof.
Alle stimmen darin überein, daß es schön ist, hinauszugehn.
Kinder, vier Jahre alt, kosten für eine Sekunde,
Was sie ein Leben lang suchen werden und niemals
besitzen:
Herbst und Heimat, die Heimat im Staube, das Wohnen
Dicht an der Rinde der Erde, die vorgeburtliche
Landschaft,

Bergland, Marsch oder Geest und schwärzlich
gesprenkelten Sand,
Kopfsteinpflaster, Wacholder und Birken, eine einsame
Straße
Quer durch die Heide, eine Magd in schwarzen wollenen
Socken,
Die Schürze voll Ziegengeruch . . . Man nennt es im Alter
die Kindheit.
Spät ist, nach durchregneter Nacht, die Klarheit des
Morgens,
Süßer Moder, geklärt in der Luft, Oktober, Ariadne und
Theseus,
Golden, ein Rondo von Mozart, eine goldene Figurine in
Moll.
Dies ist die Zeit, in der eine Freundin aus einer anderen
Stadt, eine Freundin, deren letzten Brief du nicht
beantwortet hast,
Sich von einer steinernen Brüstung hinab auf die Straße
stürzt.
Niemand wird es erfahren, wie der Himmel sich damals
verfärbte,
Wie alle Fenster sich glasig und frostig verschlossen,
Niemand wird wissen, wie an diesem Sonntag es möglich
war,
Daß aus dem goldenen Rondo der Tod erklang.

Ende September

An Apfelbäumen lehnen weiße Leitern,
Die man im Abendnebel stehen ließ.
Nun will die Welt sich himmelhoch erheitern:
Mein Honighimmel, blau und goldnes Vlies!

Mit einer Schleppe brombeerdunkler Erinnerungen
Tritt ein verklärter Morgen in mich ein.
Der Sommer ist vergoren und verrungen
In Apfelduft, Nußbeize, Most und Wein.

Zeit für ein Mädchen, Platz für Kommen und Bleiben.
Wie brennt der Boden, wo kein Mädchen ist!
Zusammensein und Zueinandertreiben
Schräg übern Weg mit Lächeln und Gelüst.

Blutbuchenlaub, lachsfarbner, zarter Schein.
Wir wollen Blick zu Blick und Mund zu Munde,
Und alles Sein will bei dem andern sein
Und richtet am Geliebten sich zugrunde.

Ein paradiesisch holdes Ungefähr
Hält uns mit Lust und Traurigkeit umfangen.
Vollkommner Sommer, doch kein Sommer mehr
Und schon im Unsichtbaren aufgegangen.

KARL KROLOW

Im Mittag

Wo aus Blättern ein Himmel beginnt,
Eine Flut in Basilien steigt,
Geht von heimlichen Stimmen ein Wind,
Der mir still an die Augen reicht,
Von der grünen Laternen Gewicht
Mir mit trockener Stimme spricht.

Meine Augen im Mittag sind ganz
Aus bitterem Silber gemacht:
Zwei Vögel aus Schatten, im Glanz
Zerschnittener Früchte erdacht,
Zwei Tauben, vergehend im Blau'n
Beim Immortellengeraun.

Sie künden ihr Glück überm Laub,
Auf dem Rücken der Luft schon entführt,
Wenn mit fließenden Fingern der Staub
Die Wange des Herzens mir rührt,
Im sanften und wachen Gesicht
Entzündet aus Asche ein Licht.

Verlassene Küste

Segelschiffe und Gelächter,
Das wie Gold im Barte steht,
Sind vergangen wie ein schlechter
Atem, der vom Munde weht,

Wie ein Schatten auf der Mauer,
Der den Kalk zu Staub zerfrißt.
Unauflöslich bleibt die Trauer,
Die aus schwarzem Honig ist,

Duftend in das Licht gehangen,
Feucht wie frischer Vogelkot
Und den heißen Ziegelwangen
Auferlegt als leichter Tod.

Kartenschlagende Matrosen
Sind in ihrem Fleisch allein.
Tabak rieselt durch die losen
Augenlider in sie ein.

Ihre Messer, die sie warfen
Nach dem blauen Vorhang Nacht,
Wurden schartig in dem scharfen
Wind der Ewigkeit, der wacht.

Orte der Geometrie

Orte der Geometrie:
Einzelne Pappel, Platane,
Und dahinter die Luft,
Schiffbar mit heiterem Kahne

In einer Stille, die braust.
Einsames Sich-Genügen
In einem Himmel aus Schaum,
Hell und mit kindlichen Zügen.

Alles wird faßlich und Form:
Kurve des Flusses, Konturen
Flüchtender Vögel im Laub,
Diesige Hitze-Spuren,

Mundvoll Wind und Gefühl
Für blaue Blitze, die trafen
Körperschatten, die sanft
Schwankten wie Segel vorm Hafen.

Gedicht gegen den Tod (V)

Die süßen Körner des Morgenrots
Streuen sich durchs Gebüsch des Nachthimmels.
Ich kann sie auflesen
Und spüre Freude in mir wie Wind,
Der vor dem Tod keine Furcht hat.

Die Dunkelheit hat ihr Haupt auf die Hände gelegt.
Sie weicht dem Singvogelschwarm des Entzückens,
Der in mir Flügel schlägt.

Jeder Morgen spricht über den Tod sein Urteil;
Und der Fluchtgeruch der Nacht vergeht.
Ich greife die Zeit mit dem Finger.
Sie ruht – ein bewegliches Staubkorn – im Innern meiner
Vollkommen ist sie wie die rote Fasanenwicke, [Hand.
Die mit Blüten und mit Schoten behängt ist,
Und hat die trockene, gespaltene Lippe der Erde,
Über die Hitze kam.

Dasein ist stärker nun im Horn der Nägel, die wachsen,
In blonden und schwarzen Bartstoppeln
Und in Frauen, deren Brustwarzen sich unter der Bluse
aufrichten.

Jeder Morgen spricht über den Tod sein Urteil.
Ich habe des Morgenrots Körner aufgelesen
Und singe gegen den Frühwind:

Tot ist der Tod!

Vögel

Deine Augen sind Vögel in schattigen Nestern.
Als ich die Rinde des Baumes berührte,
flogen sie auf und mir zu.

Nun wohnen sie mir im Herzen,
tief im glühenden Laub meines Mittags.
Schlaf und Gehör ist nun mein Leben
allen geheimsten Vogelliedern.

Beim Lesen des zweiten Paulusbriefes an die Korinther (Kap. 3, 2–3)

Du hast geschrieben: »Wir sind Sein Brief.«
Aber wer kann Seine Botschaft noch lesen?
Wir sind zu lang unterwegs gewesen.
Als mit dem Blute die Zeichen verblichen,
haben wir selber gedeutelt, gestrichen,
borgten zuletzt uns noch fremde Hand,
bis keiner den rechten Sinn mehr verstand.

Nun steht das Wort verstümmelt und schief:
unser Fleisch war ein brüchiges Siegel,
unser Geist nur ein blinder Spiegel,
und verraten brennt Korinth,
seit wir Bürger zu Babel sind.

WALTER HÖLLERER

Im Mittagslicht

Ein Rosenkäfer findet durch den Duft die Furt.
Ein Mauersegler ritzt mit Flügeln dunkles Blau.
Ein Mädchen liest in einem Buch
Die Linien ohne Furcht.

Am Halm umgrenzt sich ein Kristall.
In fernen Nebeln sirrt ein Silberstern.
Durch Adern zuckt es brennend rot:
Es ist. Ich bin.

Es wandern Masten, schwarz, in Reihn durchs Land.
Ein Flugzeug schwimmt am Wolkenrand.
Hornisse tobt, sekundenschnell, im Sand – im Kreis,
Das Licht, der Tag ist hell, ist heiß.

Im Diesellärmen

Echsen, mächtigen Flugs, kommen meerüberwärts,
Fangen tiefer dich ein, wenn du am Steuer sitzst.
In der Steile des Weges
Spürst dus hinter dem Motorsturm:

Altes, Ältestes noch, Anruf aus Eisen, Öl,
Unvordenkliche Zeit, Anderes dir und fern,
Einsam nahegerückt nun,
Unbezähmt und zum Herzen dir.

Starrten Spiegel und Glas? Streuten den Meersand her,
Grau auf Lippe und Kinn. Schwarzer Olivenhain
Steht im Bunde, dein eigner
Augenbogen, die Stirn, die Hand.

HEINZ PIONTEK

Bootsfahrt

Ruderschlag, Dunst und Libellen,
der Teich ist aus flüssigem Licht.
Geblendete Fische schnellen
hoch aus der Flimmerschicht.

Aller verschollenen Fahrten
bin ich heut eingedenk.
Teichrose bringt ihre zarten
Schneeblätter mir zum Geschenk.

Schmal überm Dickicht die Föhre –
was wir nicht träumen, wird sein.
Knarren die Dollen? Ich höre
mich tief in das Lautlose ein.

Die Landmesser

Nun stehn die Stäbe, eingerammt im Grund
und weiß und rot, mit spitzen Eisentüllen.
Der Männer Augen sind vom Spähen wund
und rauh die Kehlen vom Befehlebrüllen.

Der eine hält die Karte ausgebreitet,
indes ein anderer die Optik dreht:
durchs Fadenkreuz die Ziegenweide gleitet
und dann der Helfer, der zum Fluchtpunkt geht.

Ein Dritter muß zum Rechenschieber greifen,
der Vierte treibt die Hilfsarbeiter an.
Die trotten müßig – rauchen Stummelpfeifen
und fluchen dem Beamten dann und wann.

Und alle tragen Filze, schwarzen Loden,
an ihren Stiefeln haftet Tau und Staub.
Sie senken tief das Steinmal in den Boden
und schmecken an den Zähnen warmes Laub.

Und rechnen gut. Die Pläne sind genau.
Die Meßgeräte richten sich verläßlich.
Und weitet sich die Ferne zart ins Blau:
dem Zirkel bleibt kein Abstand unermeßlich.

INGEBORG BACHMANN

Fall ab, Herz

Fall ab, Herz, vom Baum der Zeit,
fallt, ihr Blätter, aus den erkalteten Ästen,
die einst die Sonne umarmt,
fallt, wie Tränen fallen aus dem geweiteten Aug.

Fliegt noch die Locke taglang im Wind
um des Landgotts gebräunte Stirn,
unter dem Hemd preßt die Faust
schon die klaffende Wunde.

Drum sei hart, wenn der zarte Rücken der Wolken
sich dir einmal noch beugt,
sei hart, wenn der Hymettos die Waben
noch einmal dir füllt.

Denn wenig gilt dem Landmann ein Halm in der Dürre,
wenig ein Sommer vor unserem großen Geschlecht.

Und was bezeugt schon dein Herz?
Zwischen gestern und morgen schwingt es,
lautlos und fremd,
und was es schlägt,
ist schon sein Fall aus der Zeit.

Die große Fracht

Die große Fracht des Sommers ist verladen,
das Sonnenschiff im Hafen liegt bereit,
wenn hinter dir die Möwe stürzt und schreit.
Die große Fracht des Sommers ist verladen.

Das Sonnenschiff im Hafen liegt bereit,
und auf die Lippen der Galionsfiguren
tritt unverhüllt das Lächeln der Lemuren.
Das Sonnenschiff im Hafen liegt bereit.

Wenn hinter dir die Möwe stürzt und schreit,
kommt aus dem Westen der Befehl zu sinken;
doch offnen Augs wirst du im Licht ertrinken,
wenn hinter dir die Möwe stürzt und schreit.

Psalm (2)

Wie eitel alles ist.
Wälze eine Stadt heran,
erhebe dich aus dem Staub dieser Stadt,
übernimm ein Amt
und verstelle dich,
um der Bloßstellung zu entgehen.

Löse die Versprechen ein
vor einem blinden Spiegel in der Luft,
vor einer verschlossenen Tür im Wind.

Unbegangen sind die Wege auf der Steilwand des Himmels.

NACHWORT

Für die deutsche Lyrik beginnt mit George und Hofmannsthal eine neue Zeit. Beide Dichter haben Schule gemacht. In ihrem Werk ist plötzlich das Moderne da; sprachlich, bildhaft, weltanschaulich treten alte Bestände lyrischen Ausdrucks zu neuen Mustern zusammen. Sie sind nicht die lauten Dichter ihrer Epoche, die reich an Talenten und Genies war, aber sie haben eine neue *Form* entwickelt. Mombert und Däubler ist das nicht gelungen; ihre Einbildungskraft war vielleicht größer, glaubten sie doch den Kosmos fassen zu können, aber ihr breites Werk ist nur in wenigen Gedichten kristallisiert und »zeitlos« gültig.

Als George und Hofmannsthal begannen, war Liliencron, eine Generation älter, auf der Höhe des Ruhms; mit und neben ihm kam der junge Dehmel meteorhaft und beide scheinbar überstrahlend zu außerordentlicher Schätzung. Liliencron und Dehmel gehören in ihren Empfindungen und Ausdrücken zum neunzehnten Jahrhundert, ihre Wirkung reichte bis in die zwanziger Jahre des zwanzigsten Jahrhunderts – um dann jäh aufzuhören. Inzwischen war das öffentliche Bewußtsein von einer neuen Welle lyrischen Ausdrucks erfaßt, die um 1910 entstanden und schon vor dem Krieg fertig hervorgetreten war, vom Expressionismus. Als Generationserscheinung verebbte er Ende der zwanziger Jahre: man kann nicht sein Leben lang Expressionist sein; der letzte Große jener Epoche, G. Benn (1956 gestorben), hat das deutlich gemacht. Als der Expressionismus 1933 in Literatur und Kunst von Staats wegen gebannt wurde, war die Bewegung als solche fast schon tot. Nur Kleinbürger hielten sie für gefährlich. Ihre innere Problematik war jedoch nicht ausgetragen, unter der Asche glimmte das Feuer. Die Lyrik des Expressionismus war ein Schrei wie hundertfünfzig Jahre früher der Sturm und Drang. Der Schrei war echt, aber unartikuliert. Eine Artikulation erfolgte eigentlich nirgends. Liest man heute expressionistische Gedichte von Becher, Boldt, Engelke, Klabund, Lersch, Lotz, Sorge u. a., so ist man enttäuscht, wie wenig dieser Schrei aus Not, Verzweiflung, Glück oder Glaube zum Gedicht geworden ist. Jene andern aber, die »geblieben« sind, werden heute kaum als Expressionisten aufgefaßt, also Heym, Däubler, Trakl, Lasker-Schüler, Loerke. Bei ihnen erscheint der Expressionismus als Zeitgewand, während die Gestalt andere Wurzeln hat.

In den berühmten Gedichten des jungen Hofmannsthal, die er als Gymnasiast unter dem Namen Loris schrieb, ist eine Bangnis, eine schreckliche Ahnung; mitten im bürgerlichen Zeitalter hatte Hofmannsthal das Verhängnis des kommenden erspürt. Das unterscheidet seine Gedichte von den heute fast naiv wirkenden Gedichten der Berühmtheiten seiner Jugend. Hofmannsthal ging auf den Dämon zu, dem die Kosmiker bis zu den Sternen davonliefen, vor dem bedeutende Lyriker wie Dehmel und Dauthendey zum »Weib« (wie man damals sagte) flüchteten. George wagte, fast allein, ein Reich neuer Ordnungen zu stiften, auch in der Dichtung. Manches an seiner Gestalt und seinem Wollen mag befremdlich sein – die herrscherliche Haltung, mit welcher er dem erkannten Chaos entgegentrat, hatte jedoch suggestive Wirkung.

Inzwischen hatten Einzelgänger wie Rilke als Dichter ungleich breitere Wirkung. Als Persönlichkeit von dämonischer Art setzte er sich gegen tausend Widerstände mit einem Kanon von Gedichten durch. Wahrscheinlich sind tiefe Gedichte wie die Duineser Elegien nicht seine besten, sondern die gelösten, fast heiteren aus den »Neuen Gedichten« und die späten rauhen in lockerer Form, wo Einsichten hingesagt werden, die man nur als Reiter über dem Bodensee gewonnen haben kann. Andere Einzelgänger sind Loerke, Weiß, Lehmann, Schröder und die Lasker-Schüler. Sie sind Metaphysiker der Zivilisation, der Natur, des Glaubens, meist aller drei zusammen. Die Naturlyrik hat bei den Deutschen seit Goethe einen besonderen Platz, der nichts mit Wald- und Wiesenpoesie zu tun hat, wie man fälschlich sagen hört. Natur ist eine religiöse Metapher! Die vegetative Natur ist das Bild des Lebens, des Werdens, Wachsens und Vergehens, sie ist Symbol göttlicher Kräfte, ja Gottes selbst. In diesem Sinne feiern Britting, von der Vring, F. G. Jünger, Lehmann die Natur ebenso wie die jüngere Schule aus den Mitarbeitern der »Kolonne« (1932 manifestiert): Elisabeth Langgässer, Eich, Lange, Huchel. Im weiteren Sinne gehören zu ihnen Hausmann, Zollinger, Oda Schaefer, die Generation der jetzt etwa Fünfzigjährigen.

Die Cäsur des Zweiten Weltkrieges trennt sie von Krolow, Holthusen und den Jüngsten. Man mag fragen, was bei diesen neu ist. Deutlich ist der Anschluß an fremde, vor allem angelsächsische Muster, deutlich ist die Auflockerung der alten liedhaften Formen, deutlich ist die Wiederaufnahme und teilweise Nachahmung des Expressionismus. Was ist aber das Eigene? Die Natur ist bei ihnen bloß ein Verständigungszeichen. Sie bedichten nicht die Natur, sondern das, was Natur bedeutet. Die technische Zivilisation und ihre Problematik werden in den Gehalt der Gedichte aufgenommen; das Politische wird nicht mehr schweigend ausgespart. Man hat einen Drang zur Analyse, und dadurch wird die Lyrik beschreibend; ein Parlando-Ton wird seitenlang durchgehalten. Sind das noch »Gedichte«? Was das Gedicht zum Gedicht macht, ist eine Form. Früher verstand man darunter Reim- und Versschema, innere Form, Durchhalten des Tons, unverwechselbaren Klang: all das haben die jüngsten Gedichte nur selten, sie scheinen es nicht zu wollen.

Diese Sammlung von Gedichten seit George versucht wie jede Anthologie einen Kompromiß zwischen dem schönen guten Gedicht und dem zeitgeschichtlich wichtigen. Von jedem Dichter gibt es seine fünf oder sechs schönsten Gedichte, die in vielen Anthologien wiederkehren. Solche Gedichte sind Loerkes »Grab des Dichters«, Rilkes »Karussell«, Lehmanns Gedicht an seinen Sohn, Brittings »Jägerglück«, Else Lasker-Schülers »Tibetteppich«. Wenn man diese Gedichte in einer Anthologie ausließe, beraubte man ihre Dichter. Wichtiger als die Auswahl innerhalb der einzelnen Dichter erscheint die Auswahl dieser selbst – wer vertreten ist und wer nicht, sowie die Zu- und Anordnung von Dichtern in zeitlicher Folge, ohne starr annalisch zu verfahren, doch Zusammengehörige zusammenzustellen.
Die Anordnung folgt dem skizzierten Aufriß der großen Richtungen. Außer den unter sich wieder zu Gruppen zusammentretenden Einzelgängern gibt es ganz und halb Vergeßne wie van Hoddis, Leifhelm, Übergangene wie Wedekind (von dem Brecht gelernt hat), in unsern Jahrzehnten die Unterdrückten und Verfemten; es gibt eigensinnige Artisten und Einzelgänger wie Borchardt und Lernet-Holenia und schließlich die deutschen Lyriker außerhalb der politischen Grenzen, die Österreicher, Schweizer, Elsässer.
Balladendichter wurden in diese Sammlung nicht aufgenommen, die Ballade ist mehr episch als lyrisch. Nur da,

wo sie, etwa bei Brecht, Einkleidung einer lyrischen Idee ist – das Historische also abstrakt erscheint –, wurden referierende Gedichte aufgenommen.
Dichter wie Wedekind, Morgenstern, Ringelnatz, Gan und Kessel repräsentieren das witzige, skurrile, heitere und tiefsinnig verspielte Gedicht, eine Art, die bei uns seltener als anderswo ist und in der Lyrik kaum vermutet und geschätzt wird. Gegenteil des Leichten ist ja nicht das Tiefe, sondern das Schwerfällig-Schwere. Leicht und Tief jedoch können identisch sein, und das sind die Fälle von dichterischem Rang. Morgenstern, Weinheber, Bergengruen, Gan schreiben ernste *und* heitere Gedichte, oft von spruchhafter Präzision, ihre heiteren sind ihre besten: man denkt an das Wort, die komischen Dichter seien die tragischsten. Bei genauem Horchen findet man das Heitere bei so ernsten Autoren wie K. Weiß, F. G. Jünger und Britting als Geheimmittel der Befreiung. Ob man manche Gags der Expressionisten auf diese Weise verstehen darf?
Die religiösen und politischen Autoren der Zeit treten unter sich zu einer großen Gruppe zusammen. In ihrem Gedicht gilt nicht allein das Dichterische. Beim mittleren George der Spruchlyrik sinkt die dichterische Qualität zugunsten der Gnome, der Moral, der Absicht. Ähnlich wird man die religiöse und politische Lyrik der Gegenwart lesen müssen. Sie hat den Charakter der Klage, des Bekenntnisses, des Aufrufs, des Zeugnisses. Ricarda Huch, R. A. Schröder, Gertrud von le Fort, R. Schneider, Wolfskehl, auch der späte Werfel, die späte Lasker-Schüler, manches von K. Weiß erhält so neue und sehr menschliche Bedeutung. Den Jungen und Jüngsten muß eine unbewältigte Wirklichkeit politisch und religiös gutgeschrieben werden, eine Wirklichkeit von so spröder

und lyrikfeindlicher Art, daß Einschmelzung nur den Größten gegeben ist. Diese Gedichte spiegeln den Zeitcharakter.
Das Urteil über eine Epoche steht ihr selbst nicht zu. Es wäre subaltern, sagen zu wollen, sie sei groß oder klein, ihre Literatur sei bedeutend oder leer. Es gibt immer große Dichter, und jeder Leser wird Gedichte finden, die er für gültig hält und auswendig lernt. Da das Persönliche eine Rolle spielt, kann es nur subjektive Schätzung geben – wobei freilich objektive Maßstäbe gelten; jeder hat sie, wenn auch schlummernd, in sich. Damit kommen wir wieder auf den allgemeinen Konsens, die Übereinstimmung bei der Wahl der »schönsten« Gedichte: in ihnen ist der objektive Maßstab verwirklicht; sie gelten und werden dauern.

Curt Hohoff

INHALT

Verlag und Herausgeber danken den angegebenen Verlagen für die Erlaubnis zum Abdruck. In einigen Fällen wurden Gedichte, die von ihren Autoren nicht in eigene Bände aufgenommen sind, Anthologien entnommen, und zwar aus »Menschheitsdämmerung« (1920) je eins von Lichtenstein, Däubler, Lotz, aus »Neue lyrische Anthologie« (1932) zwei von Elisabeth Langgässer, eins von Eich. Je ein Gedicht von H. Lange und Oda Schaefer wurden nach dem Manuskript gesetzt.

INHALT

INHALT

INHALT

INHALT

INHALT

INHALT

RUDOLF BORCHARDT

Gesammelte Werke in 8 Bänden

Herbst 1958

BAND 5: ÜBERTRAGUNGEN

etwa 460 Seiten

Aus dem Inhalt: Aeschylos, Perser / Tacitus, Germania / Die großen Trobadors / Pindar, Oden / Walter Savage Landor, Imaginäre Unterhaltungen / Dante, vita nuova / Homer, Altjonische Götterlieder / Hartmann von Aue, Der arme Heinrich / Platon, Lysis

Bisher sind erschienen

BAND 1: REDEN

1955 · 432 Seiten · Leinen 21,50 DM

Borchardts Reden sind das Persönlichste seines spröden, herrischen Geistes. Sie zeigen einen ungeheuren Entwurf und sind in der Wärme ihres stellvertretend sich fühlenden Denkens repräsentativ für eine ganze Epoche tragisch gescheiterter Geschichte.

Curt Hohoff in „Der Tag" Berlin

BAND 2: ERZÄHLUNGEN

1956 · 527 Seiten · Leinen 25,20 DM

Die reiner Quellen und Werte zu suchen, das bleibt der Nachhall jeder Borchardtschen Erzählung, auch wenn die Unordnung, das Labyrintische des Daseins die Figuren zu verschlingen droht.

Westdeutscher Rundfunk, Köln

BAND 3: GEDICHTE

1957 · 586 Seiten · Leinen 28.— DM

An den Gedichten Borchardts erweist sich die Äquivalenz von Bildung und Schöpfertum, von dem Anwandeln aller lyrischen Formen, in denen der Zauber der Vorbilder durchklingt, bis zu den Gestaltungen, in denen allein die eigene Seele sich aussingt, besonders schön und reich.

Gustav Hillard, im „Merkur"

BAND 4: PROSA I

1957 · 538 Seiten · Leinen 28,50 DM

In dem umfangreichen und vielschichtigen Werk Rudolf Borchardts nimmt der deutende und kritische Essay eine zentrale Stellung ein. Diesen Musterstücken vollendeter Prosa wird man aus der neuen deutschen Literatur kaum etwas Gleichrangiges zur Seite stellen können.

Außerhalb der Gesammelten Werke

EWIGER VORRAT DEUTSCHER POESIE

Besorgt von Rudolf Borchardt

4. Auflage 1956 · 447 Seiten · Leinen 18,50 DM

ERNST KLETT VERLAG STUTTGART

FISCHER BÜCHEREI

	192.	Stefan Zweig	Drei Meister
●	193.	Sigm. Freud	Der Witz und seine Beziehung zum Unbewußten
P	194.	Aischylos	Die Orestie
x	195.	Hans Scholz	Am grünen Strand der Spree
	196.	Arthur Miller	Hexenjagd / Tod des Handlungsreisenden
	197.	Alan Paton	Aber das Wort sagte ich nicht
●	198.	Hans Rothfels	Die Opposition gegen Hitler
	199.	Ernst Schnabel	Anne Frank · Spur eines Kindes
x	200.		Das Neue Testament
	201.	Manfred Hausmann	Salut gen Himmel
●	203.	Plotin	Ausw. u. Einleitg.: Richard Harder
	204.	Carlo Coccioli	Himmel und Erde
	205.	Felix Timmermans	Bauernpsalm
x	206.	Franz Werfel	Stern der Ungeborenen
	207.	Joseph Hayes	An einem Tag wie jeder andere
●	208.	Wernher von Braun	Die Eroberung des Weltraums
	209.	Heinz Politzer	Amerika erzählt (17 Short-Stories)
x	210.	John Galsworthy	Der Patrizier
	211.	Albrecht Goes	Hagar am Brunnen
	212.	John Osborne	Blick zurück im Zorn Der Entertainer
P	213.	Vergil	Hirtengedichte
		Theodor Haecker	Vergil — Vater des Abendlandes
	214.	Leo Slezak	Mein Lebensmärchen
	215.	Louis Bromfield	Das Leben der Lily Shane
	216.	George Orwell	Die Farm der Tiere
●	217.	John Henry Newman	Predigten und Schriften
●	235.	Arnold J. Toynbee	Krieg und Kultur

Demnächst erscheinen

	218.	Gerhart Hauptmann	Der Ketzer von Soana
	219.	Felix Salten	Florian
	220.	Aldous Huxley	Das Genie und die Göttin
●	221.	Herbert Kühn	Die Entfaltung der Menschheit
x	222.	Lisa Tetzner	Das ewige Märchen
	240/241.	Franz Werfel	Das Lied von Bernadette
x	223.	Rudyard Kipling	Kim
	224.	Sigismund von Radecki	Der runde Tag
●	226.	Louis de Broglie	Licht und Materie
	227.	James Hilton	Irgendwo in Tibet
	228.	Giuseppe Marotta	Das Gold von Neapel
●	229.	G. W. Leibniz	Ausw. u. Einleitg.: Friedrich Heer
● x	230.	Erik Nohara (Hrsg.)	Der Kommunismus (Dokumente)
P	231.	Clemens Brentano	Auswahl: Hans M. Enzensberger

Jeder Band DM 2.20 / Großbände (x) DM 3.30
Doppelbände (zwei Nummern) DM 4.40
●: Bücher des Wissens / P: Pantheon Klassiker
Zu beziehen durch jede Buchhandlung

FISCHER BÜCHEREI · FRANKFURT/M · HAMBURG